알면 더 재밌는
월드컵 역사

36가지 에피소드로 만나는 월드컵의 모든 것

알면 더 재밌는
월드컵 역사

한지용 지음

초봄책방

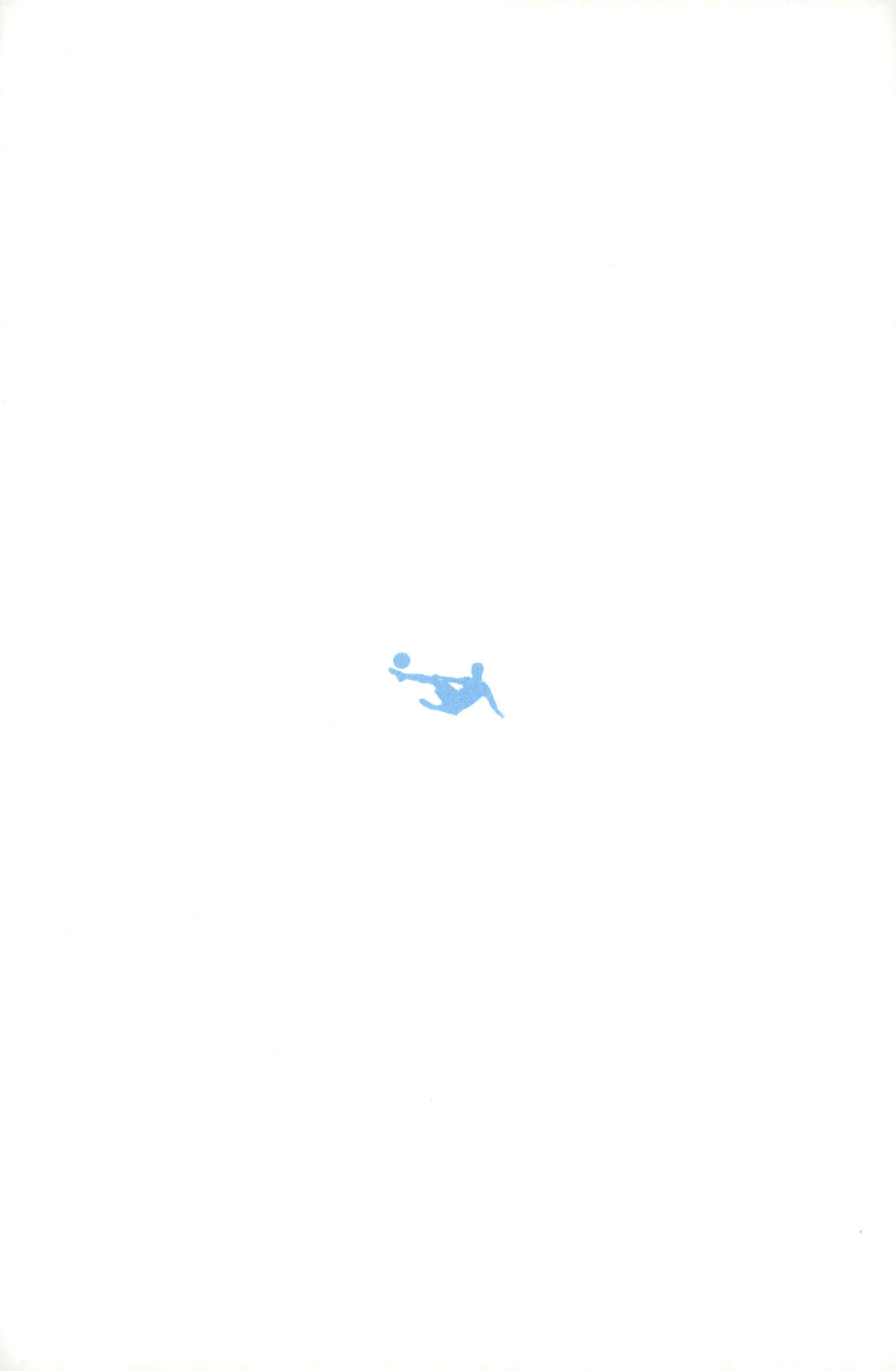

| 작가의 말 |

    2022년 12월 2일, 나는 카타르 도하의 알라이얀 에듀케이션 시티 스타디움에 있었다. 카타르 월드컵 H조 예선 마지막 경기 포르투갈 전에서 우리나라를 응원하기 위해서였다.
    나는 대한민국의 1승이 정말 간절했다. 이건 나뿐만 아니라 모든 국민의 바람이었다. 현장에서 수많은 경기를 관전하며 승리를 만끽하는 팬들을 보았다. 그들은 환한 미소와 함께 덩실덩실 춤까지 췄다. 1승도 거두지 못한 나로서는 참 부러운 광경이었다.
    더군다나 조별리그에서 탈락하고도 이겼다는 이유로 서로 얼싸안는 국가의 팬들도 보았다. 도대체 1승의 의미가 무엇일까. 궁금해서 미칠 지경이었다.
    폭풍 같은 경기의 점수는 1대 1. 전광판은 추가시간을 가리켰다. 6분은 너무 짧다고 느끼면서 손에 땀을 쥐고 있던 순간, 포르투갈이 코너킥을 얻었다. 우리가 불리한 국면이라 조마조마한 마음을 억누르며 지켜봤다. 김문환이 헤더로 공을 빈 곳으로 클리어했다. 그때 손흥민이 쏜살같이 달려가 공을 낚아채더니 70m의 폭풍 질주가 시작됐다. 손흥민이 골문 앞에 다다를 즈음 상대 수비수들이 둘러쌌다. 손흥민은 침착하게 상황을 훑어보고는 상대 다리 사이로 문전을 향해 침투하는 황희찬에게 패스했다. 황희찬은 주저하지 않고 슛을 날렸다.

'도하의 기적'. 나는 내 인생 최고의 희열을 맛봤다. 지금 생각해도 머리가 쭈뼛 서고 등골이 오싹하다. 사람들은 2002 한일월드컵 4강 신화를 더 크게 기억하겠지만, 나는 그때 나이가 어려 기억에 없다. 현장에서 직접 지켜봤던 경험이 내게는 더 인상적이었다. 가나가 우루과이를 잡아 준 덕분에 16강에 진출하는 기쁨까지 맛봤다. 그제야 팬들이 왜 1승에 그토록 기뻐했는지 알 수 있었다. 나도 이름도 모르는 사람들과 함께 춤을 추며 소리를 질렀다.

축구는 내 삶의 중심이다. 그 출발은 2006 독일 월드컵이다. 박지성의 투혼을 시작으로 지단의 박치기까지 월드컵이 보여준 모든 이야기는 나를 축구에 빠지게 했다. 이후 내 삶의 초점은 온통 축구뿐이었다. 친구조차도 함께 공을 차는 이들이 주를 이뤘다. 주말이면 밤마다 박지성과 손흥민이 활약하는 프리미어리그, 메시와 호날두의 라리가를 보느라 꼬박 지샜다. '별들의 전쟁' 챔피언스리그는 역시 늘 나를 설레게 했었다.

그러나 나를 가장 뜨겁게 만든 대회는 바로 'FIFA 월드컵'이었다. 우리나라를 대표해 뛰는 선수들의 헌신적인 태도와 애국심이 어우러졌기 때문이다. 대표팀 선수의 승리는 곧 나와 우리의 승리였다. 모두 하나 되어 "대~한민국!"을 외치는 그 분위기는 언제나 나를 즐겁게 만들어줬다. 그러나 월드컵 여행 현장에서 확인해 보니 이는 우리만의 이야기가 아니었다.

가장 기억에 남는 팬들은 단연 아르헨티나 사람들이었다. 8만 석이 넘는 루사일 스타디움을 꽉 채우며 모두가 무언가에 홀린 듯 목이 터지듯 응원가를 불렀다. '불렀다'기보다는 '질렀다'는 표현이 적합할 정도로 '광기'가 어려 있었다. 내가 관람한 경기는 아르헨티나와 네덜란드와의 8강전이었다. 팬들은 모두 자리에서 일어나 있었다. 앉아서 보고 싶었던 나도 일어날 수밖에 없었다. 아르헨티나의 득점 순간, 나는 중심을 잃고 고꾸라졌다. 팬들이 서로 얼싸안으면서 대열이 무너진 것이다. 그때 '아 오늘 진짜 죽을 수도 있겠구나'란 생각이 절로 들었다. 추가 골이 나왔을 때도 넘어졌다.

그런데 경기 막판 네덜란드가 동점 골을 넣으며 처음으로 짧막한 정적이 흘렀다. 팬들은 다시 열정적으로 응원했지만, 표정은 심각했다. 나는 그때부터 아르헨티나의 승리를 간절히 바랐다. 아르헨티나가 탈락하면 폭동이라도 일어날 것만 같았다.

승부차기가 시작됐다. 나는 아르헨티나 사람이라도 된 듯 간절하게 기도했다. 주변에서 하나둘 탈락의 공포에 울음을 터뜨리기 시작했다. 그러나 다행히 아르헨티나가 승부차기에서 승리했다. 안도의 한숨을 내쉬었다. 살았다. 팬들의 광기 어린 간절한 응원이 팬들에게 닿았던 덕분일까. 모두 아는 것처럼 아르헨티나는 대회에서 우승을 차지했다.

이 역시 아르헨티나만의 이야기가 아니었다. 가나의 팬들은 자신의 나라가 탈락했음에도 우루과이가 떨어졌다는 이유로 열광했다. 일본이 독일을 잡을 때는 독일 팬들 빼고 모두가 '언더독'인 일본을 응원했다. 자신의 국가가 패배하면 눈물을, 승리하면 기쁨의 환호성을 내질렀다. 이 조그만 공 하나에 어떤 희로애락이 담겨 있기에 모두가 이토록 월드컵을 사랑하는 걸까?

2026 미국 월드컵을 앞두고 이 희로애락의 세계에 여러분을 초대한다. 월드컵 스타들의 환호와 좌절, 팬들의 분노와 즐거움 등 장구한 월드컵 역사의 흥미로운 이야기를 모두 이 책에 담았다.

나는 축구를 하거나 보는 순간만큼은 모든 고통과 스트레스를 잊고 오로지 축구에만 몰입한다. 축구를 즐길 때가 인생에서 가장 자유로운 순간이다. 이 책도 독자 여러분에게 그런 위안이 되길 바란다. 월드컵의 이야기를 읽을 때만큼 모든 잡념도 잊을 수 있길.

끝으로 책을 내는 데 도움 주신 분들이 많다. 군대에서 자료 조사와 원고 작성을 열심히 할 수 있도록 도와주고 응원해 줬던 전우들, 커뮤니티에 해당 원고를 칼럼으로 연재할 때 무한한 칭찬을 아끼지 않았던 회원들, 언제나 나를 지탱하게 해주는 부모님과 친구, 선후배들, 책을 내주신 초봄책방 가족 여러분 모두에게 큰 감사의 인사를 올린다.

2025년 10월

한지용

차 례

작가의 말　　　　　　　　　　　　　　　　　　　　　　　　　　5

PART 1
월드컵 역사, 어디까지 알고 있나

Ep. 01	쥘 리메의 꿈, 월드컵의 탄생	17
Ep. 02	초대 월드컵, '메이저 3연패'를 이룩한 우루과이	24
Ep. 03	아주리 군단, '승리가 아니면 죽음을!'	29
Ep. 04	축구 때문에 자살을? 마라카낭의 비극	36
Ep. 05	'공은 둥글다' 베른의 기적	42
Ep. 06	축구 황제, 펠레의 강림	48
Ep. 07	세상을 경악케 한 '절름발이' 가린샤	53
Ep. 08	골라인 넘은 거 맞아? '축구 종가' 논란의 우승	58
Ep. 09	펠레, 축구 황제 대관식	63

Ep. 10	세기의 라이벌, 월드컵 결승전에서 맞붙다	**69**
Ep. 11	군부독재와 함께 한 역사상 최악의 월드컵	**75**
Ep. 12	'신데렐라' 파올로 로시, 역적에서 영웅으로	**81**
Ep. 13	마라도나의, 마라도나에 의한, 마라도나를 위한	**88**
Ep. 14	마테우스, 역대 최고의 수비형 미드필더	**95**
Ep. 15	비운의 판타지스타, 로베르토 바조	**102**
Ep. 16	신이 내린 재능, 버티지 못한 육체 호나우두	**109**
Ep. 17	호나우두, 월드컵 역사상 최고의 스트라이커	**116**
Ep. 18	지단은 왜 월드컵 결승전에서 박치기를 했을까	**122**
Ep. 19	'티키타카'의 스페인, 세상을 집어삼키다	**130**
Ep. 20	'충격의 7대 1' 미네이랑의 비극, 'Again 1950?'	**136**
Ep. 21	카잔의 기적, 전차군단의 몰락	**143**
Ep. 22	음바페, 축구 황제의 재림	**150**
Ep. 23	고개 숙인 '축구의 신' 메시	**156**
Ep. 24	축구의 '메시'아, 정점에 오르다	**162**

PART 2

태극전사의 월드컵 도전기

전쟁의 아픔을 딛고, 첫 출전	**175**
높은 세계의 벽	**176**
32년 만에 월드컵 진출	**177**
월드컵 첫 득점과 첫 승점	**178**
차범근, 영웅에서 역적으로	**180**
월드컵 개최지로서의 고민	**183**
히딩크, 첫 해외 명장 감독으로 부임	**184**
월드컵 첫 승	**185**
송종국, 세계 최고를 지우다	**186**
아주리 격침하고 8강 진출	**188**
무적함대 누르고 4강 진출	**189**
꿈은 이루어졌다	**190**
4강 신화의 의미	**192**
한국 축구의 아버지, 박지성	**193**
캡틴 팍, 한국 축구의 대들보	**195**
3개 대회 연속골	**197**
한국 축구의 전환점, 카잔의 기적	**198**
카타르, 또 하나의 기적	**201**

구세주 이강인과 영웅 조규성	**202**
도하의 기적	**204**
아쉽지 않은 마무리	**206**
Road To North America	**206**

부록
한 작가's Award

01	위대한 기록 I(국가)	**211**
02	위대한 기록 II(선수)	**214**
03	한 작가's 선정 월드컵 역사상 베스트 11	**217**
04	축구를 왜 전쟁이라 부르는가	**224**
05	에스코바르 총격 사건	**229**
06	월드컵 최악의 난투극 Top 5	**234**
07	역대 월드컵 개최지 현황	**239**

사진 출처 **241**

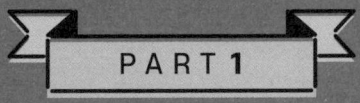

월드컵 역사, 어디까지 알고 있나

Ep. 01

쥘 리메의 꿈, 월드컵의 탄생

월드컵의 태동

100년 전, 축구의 위상은 형편없었다. 1차 세계대전의 여파가 삶을 위협하여 먹고살기도 힘든데 스포츠 따위에 신경 쓸 겨를이 없었다. 이런 상황에서 월드컵이 탄생했다. 어떻게?

국제축구연맹FIFA의 세 번째 회장 쥘 리메Jules Rimet, 1873~1956년가 이 '대단한 일'을 해냈다. 쥘 리메는 '크리스마스 휴전'에서 가능성을 발견했다. 1차 세계대전이 한창이던 1914년 12월 25일, 전선에서 대치 중이었던 영국군과 독일군이 크리스마스를 맞아 총을 내려놓고 함께 축구를 즐겼던 거다.

쥘 리메는 전쟁도 멈추게 한 '축구의 힘'이라면 전 세계를 하나로 만들 수 있다는 확신이 들었다. 이렇게 쥘 리메는 '축구를 통한 전 세계인의 화합'을 위한 축구 대회 주최를 위해 달리기 시작했다.

FIFA vs IOC

이때 최고의 국제 축구 대회는 '올림픽'이었다. FIFA는 국제올림픽위원회IOC와 협력해 대회를 운영하고 있었다. 그런데 문제가 발생한다. IOC의 '아마추어리즘'과 FIFA의 '프로'가 충돌했던 거다. 아마추어리즘은 스포츠를 생계 수단이 아닌 즐기기 위한 활동, 프로는

쥘 리메(1873~1956)
FIFA 세 번째 회장을 지내며
월드컵을 창설했다.

돈을 벌고 생계를 유지하는 제도를 의미한다. 1920년대 이미 FIFA의 주도 아래 축구에서는 프로 제도를 실시하고 있었다. 두 단체의 대립을 피할 수 없었다.

IOC가 먼저 치고 나왔다. 프로 선수들의 올림픽 참가가 불가하다고 선을 그은 거다. 그러자 FIFA가 "최고의 선수들이 없는 대회가 과연 최고의 대회라고 말할 수 있는가?"라며 의문을 제기했다. 여기에다 1932 LA 올림픽 개최국 미국이 축구에 관심이 거의 없어 정식 종목 채택조차 불투명한 상황이었다.

쥘 리메와 FIFA는 큰 고민에 빠졌다. 그러다 LA 올림픽에 앞서 독자적인 국제축구대회 창설을 결심한다.

쥘 리메가 월드컵 탄생까지 고민하면서 추구하려 했던 가치는 '프로'에 대한 편견을 깨고 싶어서였다. 당시 스포츠는 귀족의 전유물로, 돈에 연연하지 않고 스포츠를 즐기는 상류층이 '아마추어'였다. 반면 프로는 아마추어의 눈치를 보며 돈을 버는 하류층을 뜻했다.

그래서 쥘 리메는 모든 계층이 동등한 입장에서 스포츠를 즐기길 원했고, 그 수단으로 축구를 택했다. 두 다리와 둥근 공, 땅만 있으면 할 수 있는 스포츠가 바로 축구였기 때문이다.

첫 출발의 땅, 우루과이

모든 축구인의 가슴을 불태운 마성의 단어 '월드컵'은 쥘 리메의 헌신적인 노력 끝에 마침내 1930년 우루과이에서 출발했다. 1930년 개최는 LA 올림픽보다 먼저 열어 올림픽에 도전장을 낸다는 의미일 테지만, 첫 개최지로 우루과이를 택한 이유는 뭘까.

우루과이는 1924년과 1928년 올림픽 축구에서 연속으로 우승을 차지한 축구 강국이었다. 마침 1930년은 우루과이가 독립 및 건국 100주년을 맞는 해였기도 했다.

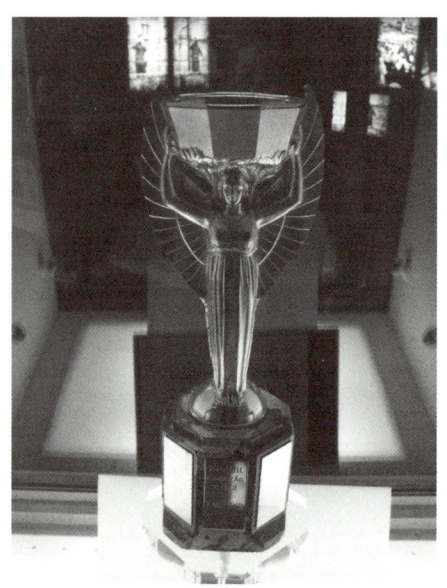

쥘 리메 트로피
월드컵 우승 트로피는 월드컵의 창시자 쥘 리메의 공적을 기리고자 그의 이름을 따 명명했다.

우루과이는 국가 홍보와 국민 통합 등 여러 효과를 고려했을 때 월드컵 개최는 매우 매력적인 카드였다. 그래서 우루과이는 월드컵 출전 국가의 모든 참가비용을 부담하기로 해 FIFA의 재정적 부담을 덜어주었다.

하지만 남미에서의 개최는 유럽 국가들의 거센 반발을 불러일으켰다. 당시에는 비행기가 없어 배를 이용해 남미까지 가야 했다. 비용은 둘째치더라도 보름가량 걸리는 항해 때문에 선수들의 컨디션 관리가 제대로 될 리 없었다. 자존심 센 유럽 국가들이 자칫 남미 국가에 패할 '망신'까지 걱정한 것이다. 특히 잉글랜드는 "그런 대회 따위 없어도 우리가 세계 최고인데 굳이 참가해야 하나?"라며 참가를 거절했다.

쥘 리메는 포기하지 않았다. 유럽 전역을 바쁘게 돌아다니며 설득했다. 자신의 조국 프랑스를 비롯하여 유고슬라비아, 벨기에, 루마니아의 참가를 이끌어냈다. 잉글랜드, 이탈리아, 독일 등 축구 강국들이 줄줄이 불참했지만, 쥘 리메의 헌신 덕분에 월드컵은 본격 출발의 닻을 올릴 수 있었다.

+ 쥘 리메컵 잔혹사

영롱하기 그지없는 FIFA 트로피. 지금의 트로피는 1974 서독 월드컵부터 사용했다. 그전에는 어떤 트로피를 사용했을까? 바로 쥘 리메컵이다. 쥘 리메컵은 처음부터 '쥘 리메컵'이라 불리지 않았다. 원래 'Victory' 혹은 '월드컵'이라 불렸다. 그러다 1946년, 월드컵 창설과 성공을 위해 헌신한 쥘 리메의 공적을 기리기 위해 그의 이름을 트로피에 붙였다.

쥘 리메컵 우승국은 다음 월드컵이 열릴 때까지 트로피를 전시할 기회가 주어진다. 이탈리아 축구협회는 1938년 통산 두 번째 우승을 차지하며 쥘 리메컵을 잘 보관하고 있었다. 그런데 이듬해 2차 세계대전이 일어나면서 대회 개최가 불투명해지자 이탈리아는 트로피를 강제로 보관해야 했다.

FIFA는 월드컵 우승을 기념하고자 트로피 제작을 결정했다. FIFA는 프랑스의 조각가 아벨 라플러에게 임무를 맡긴다. 라플러는 높이 35cm 무게 3.8kg의 멋진 트로피를 만들었다. 라플러는 승리의 여신 '니케'를 형상화하고 백 퍼센트 순금으로 제작함으로써 우승팀에게 주어지는 트로피라는 점을 부각했다. 하지만 지금은 어디에도 없다.

1966년, 개최국 잉글랜드 런던 웨스트민스터 공개홀에서 전시하던 쥘 리메컵이 쥐도 새도 모르게 사라졌다. 세계가 발칵 뒤집혔지만 끝내 쥘 리메컵의 털끝조차 찾을 수 없었다. 그런데 '피클즈'라고 불리던 강아지가 찾아냈다. 신문에 싸여있는 트로피를 발견한 거다.

1970 멕시코 월드컵에서 3번째 우승을 차지하며 쥘 리메컵을 영구 소장한 브라질 역시 도난당했다. 트로피는 영영 제자리로 돌아오지 못한다. 지금도 트로피의 행방에 대해 말이 많다. 순금으로 이루어진 트로피를 녹여 금괴로 만들어 팔았다는 설이 가장 유력하다. 각고의 노력에도 트로피를 찾지 못한 브라질은 결국 1984년 복제품을 만들어 전시하고 있다고 한다.

Ep. 02

초대 월드컵,
'메이저 3연패'를 이룩한 우루과이

No Base

쥘 리메가 열심히 노력해 월드컵이 열리긴 했으나 지금의 월드컵처럼 체계가 갖춰지진 대회는 아니었다. 참가국도 적었고 재정 지원 역시 거의 없는 상황인 데다, 애초 16팀에서 일본, 태국, 이집트가 사정상 불참하면서 13팀이 경기를 치를 수밖에 없었다.

그래도 최초의 월드컵답게 최초로 시행했던 제도가 있다. 바로 조별리그다. 이전 올림픽 무대에서는 첫 경기부터 단판 토너먼트였다. 반면, FIFA는 장시간 항해를 통해 우루과이까지 온 유럽 국가에 최소 세 경기를 보장해 주려고 했다. 원정 온 유럽팀들을 위한 FIFA의 특별 배려라고 볼 수 있다.

첫 월드컵 대회는 훈훈한 분위기로 출발했다. FIFA 회장 쥘 리메의 헌신을 생각해 개최국 우루과이가 개막전을 그의 조국 프랑스에 양보했기 때문이다. 역사적인 월드컵 최초의 경기를 쥘 리메에게 선물한 것이다.

1930년 7월 13일, 우루과이의 수도 몬테비데오에 자리한 에스타디오 포시토스 경기장. 프랑스와 멕시코의 역사적인 월드컵 첫 경기가 열렸다. 결과는 4대 1 프랑스의 완승이었다.

결승전, 우리 볼로 차자!

첫 월드컵에서 결승전에 오른 두 국가는 개최국 우루과이와 아르헨티나였다. 우루과이는 7만 명의 관중이 몰려온 에스타디오 센테나리오에서 열린 첫 경기에서 페루를 1대 0으로 제압한다. 결승골 주인공은 '외팔이' 엑토르 카스트로였다. 그 후 우루과이는 루마니아를 4대 0, 준결승에서 유고슬라비아를 6대 1로 대파하며 결승전에 진출한다.

아르헨티나 역시 주전 멤버의 부상으로 인해 출전할 수 있었던 '초신성' 스타빌레를 필두로 골 잔치를 벌이며 결승에 진출했다.

1930년 7월 30일, 에스타디오 센테나리오 경기장. 오후 2시로 예정된 대망의 결승전이 지연되고 있었다. 이웃인 동시에 남미 축구를 대표하는 라이벌인 두 나라 팬이 도를 넘는 신경전을 벌였기 때문이다. 우루과이 홈팬 8만 명과 아르헨티나 1만 팬들의 기세는 막상막하. 뜨거운 열기를 증명하듯 총기를 비롯한 흉기가 경기장 곳곳에서 발견됐다.

주심은 자신의 안전이 확보되어야만 경기를 진행할 것이라고 했다. 협회 측은 주심의 안전을 위해 몬테비데오 항 부근에 탈출할 수 있는 보트를 준비해 놓았고, 이를 확인하고 나서야 주심은 경기 진행을 수락했다. 2시간이나 지연됐다.

이게 끝이 아니었다. 겨우 경기를 진행하려는 찰나, 우루과이와 아르헨티나 양 팀은 서로 자신들의 공을 사용해야 한다고 우기기

양 국가가 주장한 공
좌측 사진은 우루과이의 공이며, 우측 사진은 아르헨티나의 공이다.

시작했다. 당시, 월드컵에는 공인구라는 개념이 없었다. 서로의 공을 믿지 못했던 탓이다. 결국 전반은 아르헨티나, 후반은 우루과이의 공을 쓰기로 합의한 후에야 경기가 시작되었다.

월드컵 첫 챔피언, 우루과이

역사적인 월드컵 초대 결승전은 우루과이가 4대 2로 이겼다. 이미 두 번의 올림픽 우승컵을 들어 올렸던 우루과이는 월드컵까지 거머쥐면서 메이저 축구대회를 3연속으로 제패했다. 월드컵 우승

우루과이 대표팀
우루과이 축구대표팀의 위용을 담은 사진이다.

은 우루과이가 명실상부한 세계 최고의 축구 강국임을 보여주는 한편 국민에게는 독립 100주년의 기념 선물까지 안긴 셈이었다.

우루과이의 3연패는 난이도의 차이가 있을지언정 스페인의 '2008 유로-2010 월드컵-2012 유로' 3연속 제패에 비견할 만하다. 우루과이가 그만큼 어려운 업적을 이룬 거다.

뱀다리를 하나 달면, 우루과이 축구 국가대표팀의 유니폼에는 별이 4개 있다. 별은 월드컵 우승을 차지할 때마다 대표 엠블럼 위에 부착할 수 있다. 하계 올림픽 우승으로 2개, 첫 월드컵 우승으로 1개. 우루과이의 우승 전적이 3번이어서 별이 3개여야 함에도 4개? 왜? 그 이유는 나중에 알게 될 것이다.

Ep. 03

아주리군단,
'승리 아니면 죽음을!'

남미의 복수

1934년 2회 월드컵은 축구 강국들이 즐비해 남미와 쌍벽을 이루는 유럽 이탈리아에서 열렸다. 이 대회는 첫 대회와 양상이 달랐다. 참가국이 모자라 초청까지 해야 했던 첫 대회와 달리 32개국이 참가 신청을 한 거다. 결국 FIFA는 지역 예선을 통해 16개 팀을 선정했다.

그럼에도 두 번째 대회 역시 완전히 세계를 대표하는 축구대회라고 하기는 어려웠다. 이번에는 남미 국가들이 심술을 부렸다. 디펜딩 챔피언 우루과이는 예선조차 참가를 거부했고, 본선 진출국인 브라질과 아르헨티나는 주전급 선수들을 뽑지 않았다. 초대 월

베니토 무솔리니(1883~1945)
이탈리아의 정치인으로 자신의 정책을 선전하고 위용을 과시하고자 1934 이탈리아 월드컵을 개최했다.

드컵 당시 '유럽 보이콧 사태'에 대한 일종의 항의이자 복수였다.

이때 세계 축구의 중심은 유럽이었을지 몰라도 대권은 남미가 쥐고 있었다. 우루과이는 물론 아르헨티나와 브라질의 위용은 지금과 크게 다르지 않았다.

1938년의 3회 대회인 프랑스 월드컵에서도 우루과이와 아르헨티나는 또다시 불참을 선언한다. 두 대회 연속 유럽에서 개최하는 것이 불만이었던 거였다.

아주리, 월드컵 최초 2연패

남미팀 없는 월드컵에서 왕은 단연 '아주리군단' 이탈리아였다. '아주리Azzurri'는 이탈리아어로 파란색을 뜻하는데, 대표팀의 상징색이 된 건 옛날 사보이 왕 시절의 나라를 상징하는 색깔이었기 때문이다.

이탈리아가 2회 월드컵을 유치한 건 독재자 무솔리니의 의지였다. 국가를 홍보하고 나아가 정권의 위신을 드높일 기회로 본 거다.

물론 이 필요조건에 따르는 충족조건은 이탈리아 대표팀의 우승이었다. 무솔리니는 "승리 아니면 죽음을!"이라고 외치며 선수들을 압박해 댔다. 죽기를 각오한 아주리군단은 무솔리니의 기대에 부응했다.

당대 최고 선수 주세페 메아차를 중심으로 한 이탈리아 선수들은 1934년 자국에서 열린 월드컵은 물론 1938년 프랑스 월드컵까지 연속으로 석권하며 1930년대를 푸른색 물결이 가득하게 만들었다.

이런 성과에도 불구하고 이탈리아의 2회 월드컵 우승의 행간에는 무솔리니의 정치적인 입김이 강하게 작용했음을 부인할 수 없다. 어쩌면 비겁한 우승이라는 혹평과 직면해야 했다. 무솔리니는 독재 정권을 홍보하기 위해 월드컵을 철저하게 이용했다. 선수뿐만 아니라 대회의 전반적인 운영에도 압박을 가했다. 편파 판정은 기

이탈리아 대표팀 (1934)
이탈리아 축구대표팀이 1934 이탈리아 월드컵 우승 직후 우승을 기념하고 있다.

본이었고, 협박도 허다했다. 그래서 역사는 1934년 이탈리아 월드컵을 역대 최악의 월드컵 중 하나로 평가한다.

그렇다면 1938년 프랑스 월드컵에서 이탈리아는 어땠을까? 이번엔 달랐다. 이탈리아가 순수 실력으로 우승을 차지했다. 그 기반에는 탄탄한 '카데나치오(빗장 수비)'가 있었다.

카데나치오catenaccio는 이탈리아어로 '빗장'을 뜻하는 단어로, 이탈리아 축구를 상징하는 용어다. 공을 쓸어 담는 빗장 수비를 보여준다는 뜻을 담고 있다.

이탈리아 대표팀 (1938)
이탈리아 축구대표팀이 월드컵 역사상 최초로 2연패를 달성한 직후 기념 촬영을 하고 있다.

이때 주 전술은 '2-3-5'로 공격수를 5명이나 기용하는 공격적인 전술이었다. 그래서 경기당 평균 골이 4골에 육박했다. 하지만 이탈리아는 우승을 차지한 두 대회의 9경기에서 고작 8실점 했을 뿐이다. 이탈리아의 수비 DNA는 월드컵 초창기부터 예견되었는지도 모른다.

수페르가의 비극

이제 막 자리를 잡아가던 월드컵은 1938 프랑스 월드컵이 끝난 다음 시련기를 맞는다. 2차 세계대전의 발발로 불가피하게 대회를 중단하게 된 거다.

FIFA가 월드컵을 다시 열려고 맘먹은 건 종전(1945년) 후 5년이 지난 1950년 네 번째 대회이다.

그런데 대회 3연패를 착실하게 준비하던 이탈리아팀에 예기치 못한 참사가 벌어진다. 지금은 유벤투스가 토리노를 대표하는 축구 클럽이지만 당시에는 토리노 FC였다. 토리노 FC는 5연속 리그 우승을 차지할 만큼 이탈리아를 대표하는 클럽답게 대표팀 베스트 11에 10명의 선수가 자리를 차지할 정도였다.

월드컵을 한 해 앞둔 1949년 5월 4일, 토리노 FC는 포르투갈 리스본에서 친선경기를 마친 후 이탈리아로 돌아가고 있었다. 비행기가 토리노에 착륙할 즈음 갑자기 기상이 나빠지기 시작했다. 결국 시야를 제대로 확보하지 못한 탓에 비행기는 수페르가 대성당과 충돌했고, 탑승자 전원이 사망하는 참사가 벌어지고 만다.

사고 직후 성당의 한 신도가 현장에서 가방을 열어보았는데, 토리노 FC 유니폼이 가득해 그들이 토리노 선수단이란 걸 눈치챘다고 한다. 참사로 감독과 선수 등 모든 구성원을 잃은 토리노 FC는 내리막길을 걸었고, 토리노 지역 대표 클럽의 자리를 유벤투스에게 넘겨주었고, 급기야 세리아 B로 강등되는 수모까지 겪게 된다.

이 비극은 거기서 끝이 아니었다. 우승 후보였던 아주리군단이 1950년 브라질 대회 1라운드에서 탈락한다. 핵심 선수의 공백이 전력을 한순간에 무너뜨린 거다. 이후 이탈리아는 한동안 세계 축구에서 두각을 드러내지 못했다.

Ep. 04

축구 때문에 자살을?
마라카낭의 비극

전쟁 이후 다시 열린 월드컵

FIFA는 전쟁으로 중단됐던 월드컵을 1950년에 다시 개최하기로 한다. 장소는 브라질이었다. 전쟁의 중심이었던 유럽은 월드컵과 같은 큰 축제를 열 여력이 없었다. 개최국은 자연스럽게 남미가 맡을 수밖에 없었다.

대회 진행 역시 순탄치 않았다. FIFA는 지난 대회와 마찬가지로 16개 팀으로 대회를 주최하려 했다. 전쟁의 상처가 완전히 아물지 않은 상태여서 많은 국가가 월드컵 불참을 선언했기 때문에 월드컵을 코앞에 두고 참가 의사를 번복한 국가도 여럿 있었다. FIFA는 16개 팀을 맞추기 위해 애썼으나 결국 아쉬운 대로 13개 국가로 대회를 치를 수밖에 없었다.

브라질 대회는 특이하게 토너먼트가 아닌 리그 전으로 진행됐다. 1차 조별리그를 거쳐 결승 리그에 진출한 팀은 브라질, 스페인, 스웨덴, 우루과이였다. 풀리그 방식으로 시행된 결승 리그는 거짓말처럼 초대 월드컵 우승국인 우루과이와 개최국 브라질 두 팀의 마지막 경기를 통해 우승자를 가리게 됐다. 많은 사람이 브라질과 우루과이의 경기를 결승전으로 알고 있지만, 사실 결승 리그의 마지막 경기였을 뿐이다.

이미 우승한 듯 행동한 브라질

브라질 대회의 결승 리그에서 브라질은 2승, 우루과이는 1승 1무를 기록하고 있었다. 브라질은 마지막 경기인 우루과이와 비기기만 해도 우승이었다. 사실 브라질은 결승 리그 두 경기에서 7-1, 6-1 큰 점수 차로 승리를 거두는 등 누가 봐도 가장 강력한 우승후보였다.

반면, 여기에 맞서는 초대 우승국 우루과이는 20년 전과 같은 강력한 모습은 아니었다. 브라질이 손쉽게 제압한 스페인과는 비기고, 스웨덴을 가까스로 이겼다.

그래서인지 브라질의 설레발은 지나쳤다. 마지막 경기가 시작하기도 전에 브라질 대표팀 선수들의 이름이 새겨진 금메달을 만들어 두었다. 심지어 상파울루 시장은 마지막 경기 전, 브라질의 우승이 확정적이라는 연설까지 남겼다.

설레발은 브라질만 한 것이 아니었다. 쥘 리메 회장 역시 포르투갈어로 브라질의 우승을 축하하는 연설만을 준비했다.(우루과이는 스페인어를 사용한다.) 게다가 확실하지 않으나 FIFA가 미리 브라질에게 쥘 리메 트로피를 주었다는 설도 있었다.

조용해진 경기장

리우데자네이루 마라카낭 스타디움에는 173,850명(정확한 수치는 통계마다 다르지만 대략 20만 가까이 되는 인파라고 봄)이라는 지금까지도 깨지지 않은 역사상 가장 많은 관중이 몰려들었다.

브라질과 우루과이가 결승전 같은 마지막 결승 리그를 시작했다. 누구도 브라질의 우승을 의심하지는 않았다. 하지만 우루과이는 만만한 팀이 아니었다. 브라질이 맹공을 퍼부었지만 지난 두 경기처럼 쉽사리 골이 터지지 않았다. 후반 2분이 돼서야 선제골이 터졌다.

그런데 선제골을 허용한 우루과이의 분위기가 급변한다. 우루과이의 주장 옵돌리오 바렐라는 팀원들에게 "이제 우리 차례"라

시데스 기지아(1926~2015)의 결승골
마라카낭에서 역전 골을 넣은 후 기지아가 환호하고 있는 장면이다.

고 외치며 가라앉은 분위기를 끌어 올렸다. 결국 우루과이는 스키피아노의 동점골, 그리고 기지아의 역전골에 힘입어 브라질을 꺾고 우승을 차지했다. 아무도 예상치 못한 역전극이었다. 마라카낭을 가득 채운 브라질 축구팬들은 기지아의 역전골이 터진 순간부터 경기가 끝날 때까지 침묵을 유지했다고 전해진다.

마라카낭의 비극

브라질 패배의 후폭풍은 정말 엄청났다. 경기 직후 브라질인 두 명은 자살, 두 명은 심장마비로 경기장에서 숨을 거뒀다. 경기장 밖은 더 난리였다. TV로 경기를 보던 팬들도 무려 50여 명이 자살 혹은 심장마비로 생을 마감했단다. 고작 공놀이 때문에 50명이 넘는 사람이 숨질 만큼 당시 브라질이 받은 충격이 어느 정도였는지 알 수 있는 사례다.

그러자 브라질 축구협회는 이 충격에서 벗어나기 위해 변화를 선택한다. 국가대표 선수들을 대거 교체했다. 또 마라카낭에서 입었던 흰색 유니폼을 노란색으로 바꿨다. 흰색이 패배를 상징한다는 게 이유였다. 이후 패배로 시작된 노란 유니폼은 카나리아 군단(브라질 축구대표팀의 별칭)의 상징이 되었다.

이때의 충격이 얼마나 컸는지 골키퍼 바르보자가 죽기 전에 남긴 일화가 인상적이다. 한 아이가 엄마에게 골키퍼 바르보자를 가리키며 "저 사람은 누구야"라고 묻자 "저 사람은 브라질에 큰 절망과 좌절감을 안긴 사람이란다"라고 말했단다.

이에 바르보자는 이런 말을 남겼다. "브라질에서 아무리 큰 죄를 지어도 43년형 이상의 벌을 받지 않는다. 그러나 나는 마라카낭에서 패했다는 이유 하나로 50년 동안 죄인으로 지내야 했다."

브라질이 '축구'라는 것을 단순한 스포츠로 여기지 않는다는 것을 증명하는 말이 아닌가 싶다. 이날의 비극은 한 소년에게 깊은 영감을 준다. 그는 라디오 앞에서 눈물을 흘리며 반드시 브라질의 월드컵 우승을 이끌겠다고 다짐했다. 그 소년은 그는 에드송 아란치스 두 나시멘투, 바로 펠레였다.

Ep. 05

'공은 둥글다', 베른의 기적

"공은 둥글다. 그리고 축구는 90분 동안 계속된다."

_서독 감독 제프 헤어버어거, 1954 스위스 월드컵 결승전을 앞둔 기자회견에서

매직 마자르

50년대 초 '골든팀'이라 불리던 팀이 있었다. '질주하는 소령' 페렌츠 푸스카스가 이끄는 헝가리 대표팀이다. 1952년 헬싱키 올림픽 축구를 우승했고, 이듬해 '축구종가' 잉글랜드를 6대 3과 7대 1로 두 번이나 완파하기도 했다.

헝가리는 월드컵이 열리기 전까지 26경기 무패행진을 달렸다.

세계 최강의 위용을 자랑했다. 사람들은 헝가리팀을 '무적의 매직 마자르'라고 칭송했다. 마자르Magyar는 헝가리를 이루는 대다수의 민족을 칭하는 말이다.

이쯤 되면 당연히 많은 사람은 1954년 스위스 월드컵의 우승국은 헝가리가 차지할 걸로 예상했다. 헝가리는 조별리그에서 한국을 9대 0, 서독을 8대 3으로 완벽하게 제압했다.

토너먼트에서도 헝가리의 강력한 모습은 계속됐다. 브라질과의 8강전에서 4대 2, 우루과이와의 준결승에서 4대 2로 완승을 거뒀다. 특히 '디펜딩 챔피언' 우루과이는 헝가리를 만나기 전까지 월드컵 무대에서 단 한 차례도 진 적이 없었다. 우루과이에게 월드컵 첫 패배를 안긴 헝가리는 에이스 푸스카스가 조별리그에서 발목을 부상당해 8강과 4강에 결장했었다. 그럼에도 남미 강호 두 팀을 꺾고 결승에 진출하며 매직 마자르라는 명성에 걸맞은 팀이라는 걸 증명했다.

오명을 떨쳐내기 시작한 게르만족

1950 브라질 월드컵에서 일본과 함께 출전 기회를 박탈당한 '전범국' 서독(현 독일)이 월드컵 무대에 다시 돌아온 것은 1954년 스위스 대회였다.

서독은 조별리그에서 터키를 손쉽게 이겼으나 앞서 언급한 대로 헝가리에 8대 3이라는 굴욕적인 스코어로 패했다.

하지만 이는 서독의 전략이었다. 이 대회는 조별리그 1위 팀끼리 토너먼트 한쪽으로, 2위 팀을 다른 한쪽으로 각각 몰아넣는 방식으로 진행했다. 1위 팀과 2위 팀에서 각각 1위를 한 두 팀이 결승에서 맞붙는 다소 독특한 방식이었다.

서독은 헝가리와의 경기에서 2군을 내보냈다. 대회 방식을 효과적으로 이용하기 위해서였다. 2위 그룹이 더 유리하다고 판단했던 거다. 이성적이고 합리적이며 실리를 추구하는 게르만족의 민족적 특성이 잘 드러나는 선택이었다.

서독의 전략은 예상한 대로 대성공이었다. 헝가리는 토너먼트에서 브라질, 우루과이라는 난적을 만나 혈투를 벌였다. 반면, 서독은 플레이오프에서 터키를 손쉽게 누르고 유고슬라비아와 오스트리아를 2대 0, 6대 1로 각각 격파하며 비교적 쉽게 결승에 안착했다.

베른의 기적

그렇게 헝가리와 서독이 결승전에서 다시 마주했다. 하지만 꾀를 써서 결승에 오른 서독이 우승하리라 예상하는 사람은 아무도 없었다. 헝가리는 에이스 푸스카스가 부상에서 돌아와 완전체에 가까운 상태였다. 푸스카스는 전반 6분, 선제골을 넣으며 자신이 에이스임을 증명했다. 그리고 얼마 지나지 않아 추가골을 넣으며 2 대 0으로 일찌감치 앞서갔다.

하지만 서독도 조별리그와 달리 쉽게 무너지지 않았다. 곧바로 2골을 넣으며 동점을 만들었다. 헝가리는 다시 리드를 잡기 위해 슈팅을 퍼부었으나 번번이 무산되었다.

경기 종료 5분을 남겨두고 승패가 갈렸다. 독일 헬무트 란의 슈팅이 헝가리의 골망을 흔들었던 거다. 짜릿한 역전의 순간. 이후 남은 시간 동안 헝가리가 동점을 만들기 위해 사력을 다했지만, 승리의 여신은 서독의 손을 들어주었다.

서독의 대역전승은 헝가리의 30경기 무패행진을 멈추게 했다.

헬무트 란(1929~2003)의 슈팅
헬무트 란은 이날 2골 1도움을 기록하며 서독의 우승을 이끌었다.

1950년부터 1956년까지 헝가리는 단 1패만을 기록했는데, 그 경기가 하필이면 절대 패해서는 안 될 월드컵 결승전이었다. 이 경기가 열렸던 장소는 스위스 베른이어서 사람들은 이 기적을 기념하기 위해 '베른의 기적'이라 부른다.

씁쓸한 뒷이야기

결승전에서 서독이 헝가리를 이긴 이유는 크게 두 가지라고 한다. 하나는 바로 날씨와 축구화 덕분이었다. 결승전이 열리던 날 경기장에 큰비가 내렸다. 당연히 경기장은 미끄러울 수밖에 없었다. 그러나 서독은 치밀했다. 서독은 자국 회사인 '아디다스'가 제공한 스터드가 달린, 당시로서는 최첨단 축구화를 신고 경기에 나섰다. 비 때문에 미끄러져 제 기량을 발휘하지 못한 헝가리 선수들과 달리, 서독 선수들은 스터드 덕분에 덜 미끄러져 좋은 경기력을 보일 수 있었다.

또 하나의 이유는 바로 각성제다. 2010년에 발표된 논문에 따르면 전반이 끝난 후 서독 선수들은 라커룸에서 비타민을 먹었다고 한다. 이 비타민이 알고 보니 암페타민 종류의 각성제였다. 헝가리 선수들의 증언에 의하면 그들의 눈이 풀려있었다고 한다. 또한 그들이 경기가 끝난 후 긴 휴가를 떠났는데 이는 약물 투여 사실을 회피하기 위한 휴가라는 말도 있다. 당시에는 약물 규정이 따로 없어 불법은 아니었고, 오래된 일이라 명확한 증거 역시 없다. 다만, 역사적인 대역전극에 약물이 동원됐다는 가설은 옥의 티가 아닐 수 없다.

Ep. 06

축구 황제, 펠레의 강림

월드컵 역사에 새겨진 17세 소년의 이름

축구 역사를 논할 때 1958 스웨덴 월드컵을 빼놓을 수 없다. 월드컵 역사상, 아니 모든 스포츠 역사상 가장 위대한 선수라고 불렸던 영웅이 등장했기 때문이다. 축구를 좋아하지 않더라도 한 번은 들어봤을 이름, 바로 축구 황제 '펠레'다.

'펠레'라는 이름은 그의 본명이 아닌 별명이다. 지금이야 정말 위대한 이름이지만, 그 이름의 유래는 다소 가볍다. 그는 존경했던 선수 '빌레Bile'를 제대로 발음하지 못해 '펠레Pele'라고 했단다. 이를 본 친구들이 발음 실수를 놀리며 그를 '펠레'로 부르기 시작했고, 어느새 이 별명은 그를 상징하는 이름처럼 굳혀졌다.

펠레의 집안은 가난했다. 축구공을 살 돈이 없어 양말에 신문지를 채운 공으로 길거리 축구를 해야 할 정도였다. 대신 재능만큼은 확실했다. 산투스 FC에 스카우트된 후 16세의 나이로 브라질 리그 득점왕에 오를 정도였다.

이런 실력을 가진 펠레는 당연히 브라질 국가대표팀에 이름을 올렸고, 1958 스웨덴 월드컵에 도전장을 내밀었다.

하지만 펠레의 여정은 쉽지만은 않았다. 어린 나이 때문에 대표선수가 될 수 없다느니, 유아 수준의 지능을 가졌느니, 하는 황당한 설도 퍼졌다.

그런데 불행하게도 펠레는 월드컵 직전 무릎 부상을 당한다. 선수 명단을 한 번 제출하면 바꿀 수 없다는 규정 때문에 펠레는 부상을 안고 스웨덴으로 향했다.

펠레는 조별리그 1, 2차전은 부상으로 벤치 신세였다. 부상이 어느 정도 회복된 펠레는 3차전인 소련(현 러시아)과의 경기에서 당당히 선발 명단에 이름을 올렸다.

이 경기에서 펠레는 브라질의 두 번째 골을 어시스트하며 소련을 2대 0으로 격파하는 데 일조한다. 그의 나이는 고작 17세 235일. 나흘 후, 8강전에서 펠레는 역사적인 월드컵 데뷔골을 넣는다. 환상적이었다. 페널티 박스 안으로 날아온 볼을 가슴으로 트래핑한 후 단 한 번의 컨트롤로 상대 수비수를 속이고 곧바로 터닝슛을 날려 골을 만들었다. 펠레의 골에 힘입은 브라질은 웨일스를 1대 0으로 꺾고 4강에 진출한다.

해트트릭, 그리고 첫 번째 우승

브라질의 4강전 상대는 프랑스였다. 프랑스 공격수 퐁텐은 이 대회에서만 무려 13골을 넣는 대단한 선수였다. 퐁텐은 지금까지도 월드컵 단일 대회 역사상 최다득점자로 남아있다.

그러나 프랑스와 퐁텐은 겨우 17살 먹은 소년에게 무릎 꿇어야 했다. 펠레는 52분, 64분, 75분 연달아 세 골을 넣으며 해트트릭을 기록했다. 특히 세 번째 골은 환상적이었다. 공중으로 날아온 크로스를 무릎으로 트래핑한 뒤, 발리슛을 날려 골을 넣은 것이다.

브라질은 펠레의 대활약과 함께 결승에 진출했다. 브라질의 결승전 상대는 홈팀 스웨덴이었다. 스웨덴은 야신이 버티는 소련과 디펜딩 챔피언 독일을 차례로 꺾으며 결승에 안착했다.

스웨덴은 4분 만에 선제골을 넣으며 우승을 꿈꿨다. 그러나 5분 후 바바의 동점골과 32분 역전골이 연달아 터지고 만다. 이어지는 후반전, 펠레의 쇼타임과 함께 스웨덴의 꿈은 산산조각이 나버렸다. 후반 10분 왼쪽 측면에서 날아온 크로스를 가슴으로 트래핑한 뒤, 예술적인 오른발 컨트롤로 상대 수비 머리 위로 공을 넘긴

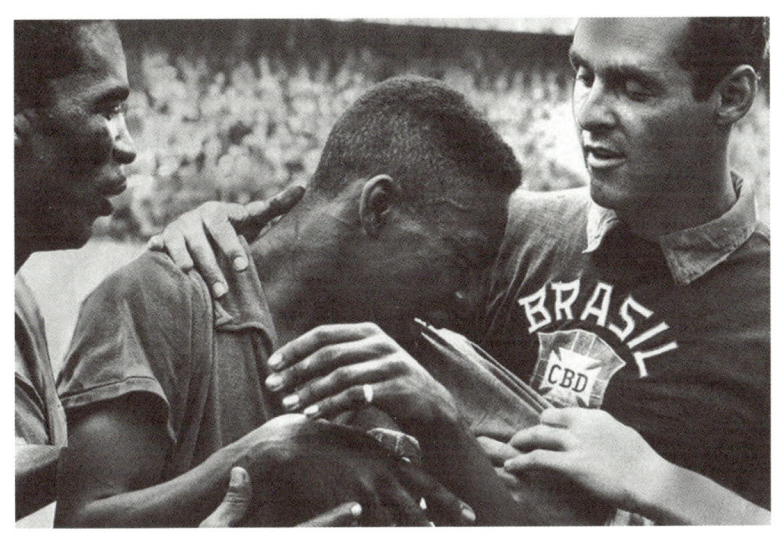

감격하는 펠레(1940~2022)
펠레가 우승 직후 기쁨의 눈물을 흘리고 있으며, 동료들이 격려해주고 있다.

후 곧바로 발리슛을 시도해 골망을 흔든 것이다. 여기서 끝이 아니었다. 펠레는 종료 직전 헤더까지 성공해 내며 5대 2의 스코어로 스웨덴을 꺾고 브라질 국민에게 줄 리메 트로피를 선사한다.

영광스런 타이틀 '최연소'

17세에 월드컵에 출전한 것도 모자라 득점을 터트리고 나아가 우승까지 차지한 펠레는 각종 최연소 기록을 갈아치웠다. 소련과의 경기에 출전함으로써 월드컵 역사상 가장 어린 선수로 이름을 남겼으며, 웨일스전 골로 월드컵 역대 최연소 득점자로 남게 되었다. 더불어 월드컵 역사상 최연소 해트트릭과 결승전 골, 그리고 최연소 월드컵 우승자로 기억되었다. 이는 현재까지 깨지지 않았고, 앞으로도 깨지기 힘들 것으로 보인다.

펠레는 월드컵 첫 출전부터 17세라고는 믿을 수 없는 활약을 보여주었다. 토너먼트에서만 무려 6골을 넣음과 동시에 우승까지 차지한 것이다. 이는 단순한 우승이 아니었다. 브라질 국민 가슴속 깊이 박혀있었던 마라카낭의 상처를 모두 잊게 해주는 기념비적인 우승이었다. 덕분에 펠레는 순식간에 브라질을 대표하는 영웅으로 등극한다. 하지만 이는 펠레라는 이름을 브라질 전역과 세계에 알린 시작에 불과했다.

마라카낭의 비극이 발생한 날 월드컵 우승을 다짐했던 소년의 이름을 기억하는가? 에드송 아란치스 두 나시멘투. 이는 바로 펠레의 본명이다. 소년은 실의에 빠져 눈물을 흘리는 아버지에게 "반드시 월드컵 우승을 차지하고 우루과이에게 복수할 것"이라고 약속했다. 그는 월드컵 우승이라는 첫 번째 약속을 지켰다. 과연 두 번째 약속도 지켜질 수 있을까?

Ep. 07

세상을 경악케 한
'절름발이' 가린샤

단점을 장점으로

브라질은 명실상부 최고의 축구 왕국이고, '삼바축구'답게 화려한 플레이를 자랑한다. 축구 황제 펠레를 시작으로 지쿠, 호마리우, 호나우두, 호나우지뉴, 카카 그리고 현시대의 네이마르까지.

그러나 이들도 '드리블'만큼은 이 선수보다 잘한다고 보기 어렵다. 바로 가린샤다. 대부분의 브라질 올드팬은 가린샤를 '브라질 역대 최고의 드리블러'라고 입을 모은다.

가린샤가 지금의 명성을 얻을 수 있었던 이유가 있었다. 바로 장애를 극복했기 때문이다. 그는 축구 선수에게 치명적일 수 있는 소아마비를 앓았다. 척추는 S자 형태, 오른쪽 다리는 왼 다리보다

6cm나 길었다.

그런데 가린샤는 이 단점을 되레 잘 활용했다. 남들과 다른 독특한 밸런스와 동작으로 화려한 기술 없이 상대 수비수를 쉽게 제칠 수 있었다. 순간 스피드 역시 매우 빨라 상대하는 수비수 입장에서 가린샤는 공포 그 자체였다.

절름발이 드리블러

장애인이라는 편견을 깨고 실력을 입증한 가린샤는 조국의 부름을 받아 대표팀 유니폼을 입는다. 가린샤는 펠레와 함께 1958 스웨덴 월드컵에 출전한다. 그리고 우승 트로피를 들어 올리는 데 결정적인 역할을 한다.

사실 가린샤는 펠레라는 걸출한 신성 때문에 큰 주목을 받지 못했다. 하지만 가린샤의 실력은 누구나 인정했다.

그런데 뜻밖의 기회가 왔다. 1962년 칠레 월드컵 조별리그 도중 펠레가 부상을 당했던 거다. 펠레가 없어도 브라질이 우승할 수 있을까? 명백한 기우였다. 사람들의 걱정을 비웃기라도 하듯, 가린샤는 경기장에서 춤을 추었고, 자신에게 쏟아지는 집중 견제를 모두 이겨냈다. 펠레의 빈자리가 생각나지 않을 정도였다.

심지어 8강전, 4강전에서 모두 멀티골을 넣으며 1962년 칠레 월드컵의 최고 스타로 거듭난다. 결승전에서 득점을 기록하지 못했으나 뛰어난 활약을 보여줬다. 브라질은 체코를 3대 1로 꺾으며 이탈리아에 이어 두 번째로 월드컵을 연속으로 제패했다. 펠레가 "가린샤가 없었다면 브라질의 2연속 월드컵 우승은 불가능했을 것"이라고 칭찬했을 정도다.

초라한 퇴장

1962 칠레 월드컵의 영웅 가린샤는 화려한 영광에 도취한 나머지 선수로서의 본분을 잃어버렸다. 훈련을 게을리하는 한편 음주가무를 즐겼다.

1966 잉글랜드 월드컵 조별리그 헝가리와의 경기에서 보여준 그의 모습은 무기력 그 자체였다. 가린샤는 헝가리와의 경기를 끝으로 다시는 국가대표팀의 부름을 받지 못했다. 그렇게 1972년 선수 생활을 쓸쓸하게 마무리했다.

그런데 가린샤는 은퇴 후에도 팬들을 더욱 경악시켰다. 음주운전으로 장모를 죽게 하고, 아내에게 손찌검하는 등 최악의 인간성을 보여주었다. 막장 생활을 이어가던 가린샤는 결국 1983년 알코올 중독으로 인해 이른 나이에 초라하게 눈을 감는다.

가린샤(1933~1983)
가린샤의 선수 시절을
그림으로 표현한 모습이다.

두 유 노우 가린샤 클럽?

'가린샤 클럽.' 축구를 좋아하는 사람이라면 한 번은 들어봤을 말이다. 혹 가린샤를 추모하기 위한 팬클럽으로 생각할지 모르겠는데, 이건 완전 빗나간 짐작이다. 월드컵에서 골을 넣고 레드카드를 받은 선수들을 지칭하는 용어다.

가린샤는 4강전에서 멀티골을 넣고도 경기 종료 직전 상대 수비수의 거친 태클에 분을 참지 못해 발길질하고 만다. 그는 곧바로 퇴장당했다. 다행히 당시 규정이 명확하지 않아 사후 징계를 받지 않았고 결승전에는 출전할 수 있었다.

하지만 가린샤 이후 월드컵에서 36년 동안 단일 경기 득점 후 퇴장당한 선수가 없었다. 역시 기록은 깨기 위해 존재하듯 그 뒤를 잇는 선수가 나왔으니, 그가 바로 우리나라의 하석주 선수였다.

하석주는 1998 파리 월드컵 멕시코전에서 골을 넣은 후 레드카드를 받았다. 이 일로 인해 우리나라 기자가 가린샤 이후로 처음 있는 경우라며 '가린샤 클럽'이라는 용어를 만들었다. 그래서 이 용어는 해외에서는 전혀 모르고 우리나라 축구인들만 알고 있다. 외국인들에게 "두유 노우 가린샤 클럽Do you know Garrincha club?"이라고 말하면 전혀 알아듣지 못할 것이다. 이후 가린샤 클럽에 가입한 선수는 호나우지뉴, 지네딘 지단 등이 있다.

Ep. 08

골라인 넘은 거 맞아?
'축구 종가' 논란의 우승

종갓집 텃세

축구와 월드컵을 즐길 수 있는 건 순전히 영국 덕분이다. 영연방 4개국(잉글랜드, 스코틀랜드, 북아일랜드, 웨일즈) 중에서도 잉글랜드는 세계 최초로 축구협회를 설립해 난잡했던 축구의 규칙을 하나로 만들었다. 이로부터 축구의 역사가 시작됐다고 볼 수 있다.

그러나 월드컵에서 잉글랜드의 모습은 초라했다. FIFA 설립 초기인 1900년대 초, FIFA는 종주국과 관계 개선을 위해 힘썼다. 하지만 콧대가 하늘을 찔렀던 잉글랜드는 "초보자들끼리 겨루는 대회는 참가할 이유가 없다"며 초대 월드컵에 불참했다. 2, 3번째 대회 역시 마찬가지였다. 잉글랜드가 월드컵에 등장한 것은 1950 브라질 대회에서였다.

우승을 자신했던 잉글랜드는 첫 출전에서 속 시원하게도 대굴욕을 맛본다. 미국과 스페인에 연달아 1대 0으로 패하며 조별리그에서 탈락했다. 특히 미국은 아마추어팀이었다. 이후에도 잉글랜드는 푸스카스의 헝가리에 3대 6, 1대 7로 패하는 등 자존심을 구기며 월드컵 무대에서도 영 힘을 못 썼다.

그랬던 잉글랜드에 기회가 찾아온다. 1966년에 열리는 8번째 월드컵의 개최 자격을 얻은 것이다. 잉글랜드 축구계는 잃어버린 종가의 명예를 되찾기 위해 1966년 월드컵에 모든 초점을 맞추기 시작했다.

되찾은 명예

새롭게 부임한 잉글랜드의 램지 감독은 과감한 변화를 택했다. 22살의 신예 센터백 바비 무어에게 주장직을 맡겼다. 골기퍼도 부동의 주전 대신 고든 뱅크스를 선택했다. 팀을 재편성한 램지 감독은 맨체스터 유나이티드의 레전드 바비 찰튼을 중심으로 전술을 구상했다.

대망의 월드컵 본선, 첫 번째 경기에서 0대 0으로 비겼다. 변화에 의구심이 들게 했던 잉글랜드는 전술 변화를 통해 멕시코와 프랑스를 차례로 격파하며 토너먼트에 안착했다.

토너먼트에서 잉글랜드는 달랐다. 아르헨티나를 1대 0으로 꺾고 4강에서 포르투갈을 만났다. 램지 감독은 수비형 미드필더 노비 스타일스에게 맹활약을 펼치던 '검은 표범' 에우제비우를 철저히 봉쇄하라고 명령했다. 노비 스타일스는 감독의 명령을 충실히 수행했다.

대회 내내 한 골도 허락하지 않았던 잉글랜드는 경기 막판 페널티킥으로 처음으로 실점하긴 했으나 바비 찰턴이 일찍이 넣은 두 골 덕분에 꿈에 그리던 결승행 티켓을 거머쥐었다.

운명을 가른 골라인 판정

잉글랜드의 결승전 상대는 베켄바워가 이끄는 서독(독일)이었다. 강력한 수비를 보여주던 잉글랜드는 선제골을 허용하며 흔들렸다. 그러나 웸블리 10만 관중을 등에 업은 잉글랜드는 저력을 발휘했다. 경기를 2대 1로 뒤집었던 거다.

그렇지만 서독도 쉽게 물러날 생각이 없었다. 경기 종료를 앞둔 순간, 혼전 상황에서 볼프강 베버가 극적인 동점골을 넣으며 경기를 원점으로 돌려놓았다.

그렇게 시작된 연장전, 월드컵 역사에 남을 논란이 일어난다. 잉

트로피를 수여 받은 바비 무어(1941~1993)
엘리자베스 2세 여왕에게 우승 트로피를 받은 바비 무어의 모습이다. 그는 잉글랜드 대표팀 주장으로서 팀의 우승을 이끌었으며 환상적인 퍼포먼스를 보이며 역대 최고의 수비수 중 한 명으로 손꼽히는 선수다.

글랜드의 스트라이커 제프 허스트가 날린 강력한 슈팅이 골대 상단을 막고 골라인에 애매하게 걸치고 튕겨 나온 것이다. 양팀 선수들은 그 모습을 보고 일제히 양손을 번쩍 들어 올렸다. 잉글랜드 선수들은 '골'을, 서독 선수들은 '노골'을 각각 주장했다. 주심은 선심에게 다가가 공이 골라인을 넘었냐고 물었다. 주심은 골라인을 넘었다는 선심의 이야기를 듣고서 득점을 선언했다. 그러자 잉글랜드 선수들은 환호했다. 반면 서독 선수들은 선심에게 다가가 강력하게 항의했다. 하지만 판정은 바뀌진 않았다.

논란의 득점 이후 기세를 탄 제프 허스트는 한 골을 더 추가해 해트트릭(동점골, 역전골, 쐐기골)을 달성하며 잉글랜드의 영웅으로 등극했다. 잉글랜드는 사상 처음으로 쥘 리메컵을 들어 올리며 '축구 종가'의 자존심을 되찾는다.

사실 공이 골라인을 완전히 넘어가야 득점으로 인정된다. 그런데 허스트의 득점 장면을 영상으로 보면 그렇지 않았다. 훗날 잉글랜드는 대가를 되받는다. 2010 남아공 월드컵 16강전에서 잉글랜드의 미드필더 램파드가 날린 공이 확연하게 독일의 골라인을 넘어갔음에도 인정되지 않았다. 램파드의 노골이 논란이 되자 FIFA는 골라인 판독 기술 도입한다.

Ep. 09

펠레,
축구 황제 대관식

"매우 슬픈 광경입니다. 세계 최고의 선수가 경기장을 빠져나갑니다."

_1966년 잉글랜드 월드컵, 브라질과 포르투갈의 조별리그 3차전 경기 해설에 나온 멘트

살인 태클, 국가대표 은퇴

 1958년과 1962년 월드컵을 두 번 연속 제패한 브라질은 1966년 잉글랜드 월드컵에서도 펠레를 앞세워 세 번째 우승을 노렸다. 하지만 펠레는 상대 팀의 집중 견제 대상이었다. 펠레는 전설의 2단 백태클을 당해 큰 부상을 당했고, 팀의 조별리그 탈락을 지켜보아야 했다. 디펜딩 챔피언이자 '우승 후보 0순위' 브라질은 이렇

게 허무하게 짐을 싸야 했다. 그러나 더욱 충격적인 것은 펠레의 폭탄선언이었다.

"축구는 예술적인 기술로 관중을 끌어들이는 것을 멈추는 대신 진짜 전쟁으로 변했다."

1962년에도 펠레는 조별리그에서 부상한 탓에 결승전까지 팀의 우승을 바라만 보아야 했다. 두 대회 연속 월드컵에서 악의적인 태클로 인해 부상한 펠레는 다시는 월드컵에서 뛰지 않겠다고 선언했다. 펠레의 폭탄선언에 브라질 국민은 물론 전 세계인이 충격에 빠졌다.

FIFA와 브라질의 회유, 그리고 쇼타임

브라질은 펠레의 복귀를 간절히 바랐다. 펠레는 세대교체를 이룬 젊은 브라질 대표팀의 마지막 열쇠였다. FIFA 입장에서도 월드컵의 흥행을 위해서 세계 최고의 슈퍼스타 펠레가 필요했다. 펠레는 이들의 간곡한 요청과 더불어 본인의 국가대표 커리어를 월드컵 우승으로 마치기 위해 복귀를 결심한다.

마침내 찾아온 본선 무대, 펠레는 1986년 멕시코 월드컵에서 마지막 쇼를 펼친다.

펠레는 조별리그 첫 경기부터 자신이 왜 최고의 선수인지 증명했다. 체코슬로바키아와 디펜딩 챔피언 잉글랜드와 경기에서 유감없이 실력을 발휘했다.

그런데 이날 경기의 하이라이트는 따로 있었다. 그것은 바로 펠레의 헤더를 막은 고든 뱅크스의 선방이었다. 비록 헤더는 넣지 못했지만 디펜딩 챔피언을 꺾는데 대활약한 펠레는 조별리그 3차전에서 강력한 프리킥 골을 포함하여 멀티골을 넣으며 팀의 3대 2 승리를 이끌며 3전 전승으로 토너먼트에 진출한다.

펠레는 8강에서도 기세를 이어나갔다. 페루를 4대 2로 가볍게 제압하면서 4강 진출을 확정시켰다. 펠레는 이날에도 어시스트 하나를 추가하는 등 좋은 활약을 펼쳤다.

마라카낭의 복수

브라질의 준결승 상대는 1950년 안방에서 마라카낭의 굴욕을 안겼던 우루과이였다. 브라질과 펠레가 그토록 염원했던 복수의 시간이 찾아왔다.

우루과이는 당시에도 만만치 않은 강팀이었다. 4강까지 단 한 골만 허용할 정도로 강력한 수비를 자랑했다. 심지어 우루과이는 선제골을 성공시켰다. 크로스 성 슈팅이 골대로 흘러 들어간 것이다. 마라카낭의 악몽이 되살아나는 듯했다.

하지만 복수를 다짐한 브라질의 공격은 강해도 너무 강했다. 우루과이의 짠물 수비가 내리 세 골을 내주며 역전패를 허용했다. 펠레는 이날 도움을 기록함은 물론 눈부신 개인기를 선보이며 전 세계 축구팬들을 경악케 했다. 축구의 신이 자신임을 온 천하에 증명한 셈이다.

이제 펠레에게 남은 과제는 단 하나. 바로 쥘 리메컵 트로피를 들어올리는 거였다. 펠레의 마지막 관문은 이탈리아였다. 이탈리아는 1968년 유로피언 챔피언십을 제패하며 수페르가의 비극으로부터 시작됐던 길고 긴 암흑기를 탈출했다. 그리고 월드컵에서도 결승전에 진출하며 아주리군단의 부활을 알렸다.

황제 대관식

1970 멕시코 월드컵 결승전은 단순한 결승 경기가 아니었다. '쥘 리메컵'의 영구 소유권이 걸렸기 때문이었다. '쥘 리메컵'은 월드컵 3회 우승팀이 영구 소장할 수 있다. 이탈리아는 1934년과 1938년, 브라질 역시 1958년과 1962년 각각 두 차례 제패했었다. 즉, 이 경기의 승자는 결국 '쥘 리메컵'의 영원한 주인공이 된다는 뜻이었다.

축구 황제에 등극한 펠레(1940~2022)
월드컵 3회 우승 직후 동료들의 축하를 받고 있는 펠레의 모습이다.

    역사에 남을 1970 멕시코 월드컵의 결승전은 멕시코 시티에 위치한 '에스타디오 아스테카Estadio Azteca 경기장'에서 펼쳐졌다.
    이날, 에스타디오 아스테카에는 말 그대로 축구의 신이 강림했다. 신의 이름은 바로 펠레였다. 펠레는 전반 초반 왼쪽에서 날아온 크로스를 높은 점프 이후 강력한 헤더로 마무리하며 축구 황제 대관식의 포문을 직접 열었다. 고작 173cm의 단신인 펠레가 '빗장수비'를 이겨내고 헤더를 성공한 것이다. 그뿐만이 아니었다. 펠레는 경기 내내 지대한 영향력을 발휘했고, 2도움을 추가로 올리며 브라질의 4대 1 완승을 이끌었다.

브라질은 이탈리아를 제압하며 염원했던 쥘 리메컵을 영구 소장하게 되었다. 우승의 주역은 단연 축구의 아이콘인 펠레였다.

펠레는 이 월드컵에서 4골 7도움을 기록하며 굉장한 퍼포먼스를 보여주었다. 조별리그에서부터 결승전까지 공격 포인트를 기록했다. 스스로 왜 축구황제인지 입증한 펠레는 이 월드컵을 끝으로 셀레상('선발된 아들'이란 뜻으로 브라질 국가대표팀을 일컫는 말)을 떠나 국가대표 커리어를 마무리했다.

Ep. 10

세기의 라이벌, 월드컵 결승전에서 맞붙다

크루이프와 베켄바워

오늘날의 메시와 호날두처럼 과거에도 이러한 라이벌리가 있었다. 펠레가 사라지면서 혜성처럼 나타난 1970년 초 유럽의 두 축구 스타, '역대 최고의 수비수' 프란츠 베켄바워와 '현대축구의 아버지' 요한 크루이프였다.

네덜란드 아약스 유소년팀에서 축구 커리어를 시작한 크루이프는 아약스에서 활약하며 현 챔피언스리그의 전신인 '유러피언컵' 3연패를 달성한 주인공이었다. 1971~72시즌에는 아약스의 트레블(리그, 유러피언컵, 국내 컵 대회)을 이끌며 세 대회에서 모두 득점왕을 차지하는 등 대단한 활약을 보여주었다. 크루이프는 유럽 최고 선수에게 주어지던 발롱도르 트로피를 1971년, 1973년 두 차례나 수상하기도 했다.

베켄바워는 크루이프보다 비교적 일찍 자신의 이름을 세계인들에게 알렸다. 그는 21세에 1966 잉글랜드 월드컵에 출전해 소질을 뽐냈다. 1970년 멕시코 월드컵에서 한층 더 성숙한 모습은 물론 부상 투혼까지 발휘하며 세계 축구계에 이름을 인상적으로 각인시켰다. 그러면서 베켄바워는 2부리그였던 소속팀 바이에른 뮌헨을 승격시키고, 주장 완장까지 찼다. 이어 수비수로 변신해 팀을 지휘한 베켄바워는 뮌헨이 분데스리가, 포칼컵 트로피를 차지하는 데 혁혁한 공을 세웠다. 독일 언론은 베켄바워를 두고 '카이저Kaiser'라고 칭했다. 독일어로 '황제'를 뜻하는 말이었다. 그도 1972년에 발롱도르를 차지한다.

세계 최고를 향한 길

결국 크루이프와 베켄바워는 1974 서독 월드컵 결승전에서 만났다. 1966, 1970 월드컵에서 모두 좋은 활약을 펼쳤다. 우승 문턱에서 좌절했기에 더욱 절치부심할 수밖에 없었던 베켄바워. 첫 출전 만에 결승전에 오른 축구 변방 네덜란드의 크루이프.

특히 미헬스 감독의 '토털 풋볼'은 센세이션을 일으키며 네덜란

크루이프(1947~2016)와 베켄바워(1945~2024)
1974 서독 월드컵 결승전을 앞두고 양 국가의 주장으로 마주한 요한 크루이프(좌)와 프란츠 베켄바워(우)가 악수를 나누고 있다.

드를 다시 보게 만들었다. 이때 크루이프는 아르헨티나를 상대로 2골, 브라질 상대로 1골 1도움을 기록하며 자신이 왜 세계 최고의 선수인지 증명했다.

개최국 서독과 베켄바워의 기세 역시 대단했다. 안방 대회인 만큼 대회 내내 강력한 모습을 보여줬다. 팀의 주장 베켄바워의 경기 조율 능력은 가히 세계 최고로 불릴만했다.

국경을 마주한 두 나라의 운명 같은 만남에서 베켄바워는 최후방 '리베로', 크루이프는 최전방 공격수로 각각 팀을 지휘하고 있었다. 두 선수 모두 팀을 지휘하고 조율하는 '지휘자' 역할을 맡았으나 그 위치가 달라 더욱 흥미로운 라이벌리가 아닐 수 없었다.

전문가들은 네덜란드의 우승을 예측했다. 크루이프의 압도적인 퍼포먼스와 네덜란드의 토털 풋볼이 전에는 볼 수 없을 만큼 놀라운 모습이었기 때문이다.

하지만 마지막에 웃은 선수는 베켄바워였다. 독일이 네덜란드를 2대 1로 제압한 거다. 독일에게 이 경기의 우승은 자국 대회에서의 우승뿐만 아니라 바뀐 새 FIFA컵의 첫 번째 주인공이 된다. 베켄바워는 월드컵 트로피를 들어 올리며 자신이 진정한 축구 황제임을 천하에 알렸다.

1974년 발롱도르의 주인공은?

월드컵은 베켄바워의 승리로 끝이 났다. 베켄바워는 리그 우승, 유러피언컵 우승, 월드컵 우승을 모두 차지했다. 지금과 같다면 당연히 99.9퍼센트의 확률로 발롱도르를 차지할 수 있는 성적과 퍼포먼스였다. 그러나 발롱도르는 요한 크루이프의 차지였다.

베켄바워는 분통을 터뜨릴 수밖에 없었다. 자신이 할 수 있는 것을 모두 이뤘음에도 세계 최고의 선수라는 영광을 라이벌 크루이프에게 넘겨줘야 했기 때문이다.

도대체 이유가 뭘까? 바로 '토털 풋볼' 덕분이었다. 1974 서독 월드컵 이전의 축구는 다소 수동적이었다. 공격수는 공격만, 수비수는 수비만 잘하면 됐다. 또한 팀의 전술보다는 개인 기량이 훨씬 중요했다.

그러나 미헬스 감독과 그의 제자 크루이프가 이끄는 네덜란드는 달랐다. 개인 기량보다 팀 전술을 앞세웠다. 질서를 갖춘 상태에서 모든 선수가 공격과 수비에 가담해야 했다. 또한, 공간을 지배해야 했다.

지금이야 당연한 축구의 기본 상식이지만, 화려한 개인 기량이 중요했던 당시에는 이전에 찾아볼 수 없던 혁명과 같은 전술이었다. 많은 축구 전문가는 이 시기를 기점으로 현대축구가 시작됐다고 평가한다.

크루이프가 토털 풋볼에서 핵심적인 역할을 했고, 개인 퍼포먼스 역시 압도적이었기 때문에 발롱도르를 수상했던 거다.

역사에는 크루이프가 더 많은 영향을 끼쳤으나 '승자'는 베켄바워였다. 베켄바워는 월드컵 우승 직후 "강한 자가 이기는 게 아니라 이기는 자가 강한 것이다"라는 말로 네덜란드의 우세를 점친 사람들을 직격했었다. 이 말은 약팀이 강팀을 상대로 승리했을 때 등장하는 축구사를 통용하는 명언으로 자리 잡았고, 지금까지도 자주 인용된다.

두 스타 플레이어는 감독으로도 축구사에 큰 족적을 남겼다.

또 우정 역시 존중이 충만했다. 베켄바워는 "크루이프가 나보다 뛰어난 선수였다"고 하였고, 크루이프 역시 베켄바워는 자신의 진정한 친구로 큰 존중을 갖게 됐다고 각각 추켜세웠다. 서로의 존재를 인정해 주는 순간 그 라이벌리는 더욱 빛나게 된다는 것을 증명한 사례가 아닐까 싶다.

Ep. 11

군부독재와 함께한
역사상 최악의 월드컵

군사 정권과 보이콧 움직임

1978년 아르헨티나 월드컵은 당시의 아르헨티나 정치적 상황과 맞물려 이해해야 한다. 군사 쿠데타를 일으켜 대통령이 된 육군 총사령관 호르헤 라파엘 비델라가 자신에 반대하는 세력들을 무자비하게 숙청했다. 그 과정에서 수만 명이 희생되자, 아르헨티나 국민은 시위는 물론 무장 저항까지 벌여야 했다.

그러자 아르헨티나 정부는 국민의 관심을 돌릴 수 있는 수단이 필요했다. 마침 자국에서 열릴 예정인 1978 월드컵이 떠올랐다. 비델라는 옳다구나 하고 월드컵을 이용하기로 맘먹었다. 비델라는 사사건건 월드컵 개최에 직접 관여했다. FIFA 규정상 정부가 개최

조직에 관여할 수 없었지만, 총칼을 등에 업은 비델라를 막을 순 없었다.

그러자 국제 사회가 가만있질 않았다. 특히 프랑스가 앞장섰다. 월드컵 보이콧 위원회를 조직한 프랑스는 "강제수용소와 고문실이 있는 곳에서 축구를 할 수 없다"라며 참가국들의 보이콧을 유도했다. 개최지가 네덜란드나 벨기에로 바뀔 수도 있다는 소문이 나돌았다. 하지만 비델라는 자신의 정권 유지를 위해서라도 월드컵 개최를 포기할 수 없었다. 그는 FIFA에게 월드컵 기간에 어떤 유혈 사태도 없을 것임을 약속했다.

그러나 독일의 베켄바워와 파울 브라이트너, 네덜란드의 요한 크루이프 등 몇몇 축구 스타는 기어이 아르헨티나 땅을 밟지 않았다. 군부독재가 개최하는 월드컵에 참여할 수 없다는 게 이유였다. 다만, 30년 뒤 크루이프는 바르셀로나에서 가족들이 납치당하는 사건이 일어나 가족을 두고 아르헨티나로 떠날 수 없어서 불참한 것이라고 속사정을 밝히기도 했다.

위기의 아르헨티나, 비장의 카드?

1978 아르헨티나 월드컵의 대회 방식은 지난 대회와 같았다. 16개국이 4개 조로 나뉘어 1차 리그를 거친다. 조별 1, 2위의 8개 팀

이 2개 조로 나뉘어 2차 리그를 치른다. 각 조의 1위 팀이 결승에 진출한다.

이 대회에서 결승 티켓 한자리를 차지한 주인공은 2라운드 A조의 네덜란드였다. 에이스 크루이프가 없었지만, 렌센브링크라는 걸출한 스타가 있었던 거다.

2라운드 B조는 당대 최고의 플레이메이커 지쿠의 브라질과 개최국 아르헨티나가 골 득실을 따져야 하는 상황이었다. 아르헨티나로서는 반드시 우승이 필요했다. 국민의 관심을 축구로 돌려야 했기 때문이다.

아르헨티나 대통령 비델라는 선수들에게 반드시 우승을 차지할 것을 명령했다. 44년 전, 무솔리니가 외쳤던 "패배는 곧 죽음"이라는 말이 떠오르는 순간이었다.

하지만 아르헨티나는 홈 팬들의 열렬한 응원과 일방적인 편파 판정에도 불구하고 탈락 위기를 맞는다. 페루를 이겨 브라질과 승점이 같아져도 문제는 골 득실이었다. 브라질이 4점이나 앞선 상황이어서 쉽지 않았다.

아르헨티나의 마지막 상대인 당시 페루는 '남미 축구 대륙 대회'인 코파 아메리카에서 우승을 거둔 막강한 팀이었다.

더러운 우승

아르헨티나는 페루를 6대 0으로 제압했다. 덕분에 브라질보다 골득실차에서 2점 앞서며 결승 진출에 성공한다. 그러나 남미 최강 팀이라 불렸던 페루가 속절 없이 무너진 것은 여전히 큰 미스터리로 남아있다.

페루 선수들의 증언에 따르면 비델라는 경기 전 페루 라커룸에 찾아왔다고 한다. 비델라는 라틴 아메리카 형제국인 아르헨티나와 페루와의 관계를 강조하는 연설을 했다고 전해진다. 증거는 없고 증언뿐이지만, 당시 비델라가 독재자로 군림하고 있었다는 점, 그리고 이해하기 어려운 스코어 차는 페루 선수들에게 압박이 가해졌을 가능성이 높다는 것이 세간의 정설이다. 그렇게 아르헨티나는 결승에서 네덜란드를 마주한다.

축구 팬과 전문가 들은 응원이나 심판이나 홈팀의 절대 유리한 조건에도 불구하고 강력한 모습을 보여준 네덜란드의 승리를 점쳤다. 경기 역시 네덜란드의 우세로 진행됐다. 하지만 12번째 선수인 심판의 방해 덕에 네덜란드는 제대로 된 플레이를 펼칠 수 없었다. 하지만 1대 1로 승부를 가리지 못해 연장전에 돌입했다. 연장전에서 네덜란드는 결국 두 골을 내주었다. 그렇게 아르헨티나는 역사상 가장 추한 방식으로 월드컵 우승 트로피를 차지했다.

마리오 캠페스(1954~)

마리오 캠페스는 1978 아르헨티나 월드컵에서 6골을 넣으며 득점왕을 차지했다. 결승전에서 2골을 기록할 정도로 뛰어난 활약을 보였다. 추악한 우승이었지만, 스페인 리그 2연속 득점왕을 차지할 정도로 빼어난 공격수였음은 분명하다.

지켜져야 할 스포츠 정신

월드컵은 그동안 수십 년의 역사가 쌓이면서 나름 명성과 인기 또한 매우 높아졌다. 특히 아르헨티나 대회는 축구의 역사를 바꾼 '토털 풋볼'의 대유행 이후 첫 월드컵이어서 전술적으로도 매우 중요한 대회였다. 공정한 경기 운영과 스포츠맨십이 더욱 필요했다.

그러나 비델라는 자신의 추악한 정권을 유지하기 위해 온갖 부정부패를 저질렀다. 심판을 매수해 편파 판정을 유도했고, 상대 팀 라커룸에 찾아가 협박까지 했었다.

그것만이 아니었다. 월드컵 결승 전날, 정부에서 스카우트한 프락치들이 네덜란드 선수단 숙소 근처에서 깽판을 치도록 했다. 공포 분위기를 만들어 네덜란드 선수들의 컨디션 조절을 어렵게 하려는 의도였다.

덕분에 아르헨티나는 역사상 가장 추한 월드컵 우승팀이란 불명예를 입었다. 독재자 지휘 아래 펼쳐진 역대 최악의 월드컵 대회란 오명도 뒤집어써야만 했다.

정치가 개입해 정정당당한 승부를 방해하는 행위는 스포츠 자체를 부정하는 것이나 다름없다. 스포츠의 소중한 가치를 지켜내기 위해서라도 스포츠가 정치적 패악을 가리기 위한 수단으로 사용되는 일이 다시는 없어야 할 것이다.

Ep. 12

'신데렐라' 파울로 로시,
역적에서 영웅으로

우승 후보 0순위, 브라질

1982 스페인 월드컵은 대회 MVP인 '골든볼'이 공식 제정된 첫 대회였다. 수많은 스타플레이어가 월드컵 우승 트로피와 함께 골든볼을 차지하기 위해 자웅을 겨뤘다.

1982년 세상을 지배하던 선수는 단연 브라질의 지쿠였다. 그는 펠레 이후 최고의 스타라고 칭송받았다. 그와 소크라테스, 팔캉, 세레소 등 여러 포지션의 월드클래스를 묶어 '황금의 4중주'로 불릴 정도였다. 당연히 스페인 월드컵은 브라질이 차지할 걸로 예상했다.

브라질은 연승 행진을 이어가며 기대에 부응하는 듯했다. 1차 조별리그에서 3전 전승으로 2차 조별리그에 진출했다. 2차 조별리그의 첫 상대는 아르헨티나였다. 전통적인 남미의 라이벌이자 디펜딩 챔피언이었던 아르헨티나는 지난 대회 득점왕 마리오 캠페스와 신예 마라도나를 앞세워 브라질에 맞섰다.

하지만 압도적인 브라질의 공격력에 아르헨티나는 무릎을 꿇었다. 마라도나가 분전하며 팬들을 놀라게 했지만, 세계 최강 브라질을 상대하기에는 '아직까지' 역부족이었다.

'파죽지세'가 당시 브라질 대표팀을 형용하는 단어였다. 누구도 막을 수 있을 것처럼 보이지 않았다. 4강까지 남은 상대는 단 하나 '아주리군단' 이탈리아였다. 삼바 군단은 골 득실로 인해 비기기만 해도 4강에 갈 수 있는 유리한 위치를 접하고 있었다.

몰락한 라이징 스타

아주리군단은 1938 프랑스 월드컵에서 우승을 거둔 이후 국제무대에서 내리막길을 걸었다. 긴 세월이 흐른 후 유로 1968 우승, 1970 월드컵 준우승을 차지하면서 암흑기를 벗어났다. 1978 월드컵에서 4위를 차지하며 파올로 로시라는 라이징 스타까지 발굴해냈다. 고작 21세였던 로시는 대회에서 3골 4도움을 기록하며 이탈리아의 슈퍼스타로 거듭났다.

파올로 로시는 클럽에서도 두각을 드러냈다. 세리에B에서 득점왕을 차지하며 팀을 승격시킨 그는 다음 해에 곧바로 세리에A 득점왕을 차지하는 놀라운 퍼포먼스를 보여준다.

하지만 파올로 로시 커리어에 먹구름이 드리우는 사건이 발생한다. 바로 '토토 네리'라고 불리는 승부 조작 스캔들이다. 로시는 억울함을 호소하며 자신은 이 일과 무관하다고 주장했지만 3년 출장 정지 징계를 받았다. 징계를 받은 로시는 유로 1980에 참가할 수 없었다. 당시 그의 나이는 당시 24세, 축구 선수로서는 전성기가 시작되는 나이였다. 월드컵에서 3골 4도움 수상하고 세리에A 득점왕까지 차지한 슈퍼스타에겐 매우 치명적인 징계였다.

그런데 로시의 징계가 1982 스페인 월드컵을 앞두고 해제된다. 2년여 공백기를 가졌던 로시가 과연 월드컵 대표팀에 발탁될지 의문이었다. 당시 아주리의 수장 베아르초트 감독은 세리에A 득점왕 로베르토 프루초를 제외하면서까지 로시를 선발한다. 그야말로 성공하면 대박, 실패하면 온갖 비난을 감수해야 하는 도박이었다.

목적 없이 떠도는 유령

몰락했던 로시는 극적으로 월드컵 무대를 밟는다. 하지만 경기력은 경악 그 자체였다. 팀의 최전방 스트라이커로 나섰음에도 단 한 골도 넣지 못한 것이다. 그뿐 아니라 아예 경기에서 보이지 않을 정도로 심각했다. 이로 인해 이탈리아 역시 세 번의 무승부를 거두는 등 부진을 피하지 못했다. 같은 조 카메룬을 득실 차로 따돌리고 가까스로 다음 라운드에 진출했다. 언론은 경기장에서 아예 보이지도 않았다는 이유로 그를 '목적 없이 떠도는 유령'이라고 거세게 비난했고, 그 화살은 그를 선발한 아주리의 수장 베아르초트 감독에게 쏟아졌다.

이러한 상황에서 시작된 2라운드 리그 첫 경기, 이탈리아는 '디펜딩 챔피언' 아르헨티나를 꺾으며 기대감을 주었지만, 파올로 로시는 이번 경기에서도 득점하지 못하며 쏟아지는 비판을 끊어내지 못했다. 이런 상황에서 아주리는 역대 최강의 초호화 멤버를 구성한 브라질을 마주하게 된다. 브라질의 패배를, 이탈리아의 승리를 예상하는 사람은 아무도 없었다.

잠에서 깨어난 영웅

4강 티켓을 두고 브라질과 이탈리아의 결전이 스페인 바르셀로나에서 펼쳐졌다. 로시를 선발 명단에서 빼야 한다는 여론이 들끓었지만, 베아르초트 감독은 꿈쩍하지 않았다. 그리고 마침내 로시는 베아르초트 감독의 부름에 응답하기 시작했다.

대회 내내 무득점으로 부진하던 로시가 경시 시작 5분 만에 헤더로 선제골을 터뜨린 것이다. 로시는 선제골을 계기로 자신감을 되찾았다. 경기 내내 위협적인 움직임을 보여준 그는 무려 해트트릭을 기록하며 우승 후보 브라질을 3대 2로 꺾고 팀을 4강으로 이끌었다. 긴 잠에서 깨어나 골 넣는 귀신으로 부활한 것이다. 로시에게는 억울하게 받은 징계로 시작된 칠흑처럼 캄캄한 터널을 벗어난 순간이 됐다.

기량을 되찾은 로시를 앞세운 이탈리아는 두려운 게 없었다. 파올로 로시는 4강전 폴란드를 상대로 멀티골을 넣으며 2대 0 승리로 아주리를 결승으로 이끌었다. 탁월한 위치 선정과 훌륭한 골 결정력이 돋보였다. 완벽한 부활을 알린 파올로 로시에게 남은 목표는 모든 이탈리아인들이 간절하게 염원하는 월드컵 우승 트로피였다.

44년 만에 우승

대망의 결승전, 부활한 아주리를 가로막은 팀은 다름 아닌 '미스터 유럽'이라고 불렸던 루메니게가 이끄는 서독이었다. 하지만 기세가 오른 이탈리아와 로시를 막을 수 없었다. 57분 무렵 혼전 상황에서 날아온 낮은 크로스를 로시가 깔끔한 다이빙 헤딩슛으로 마무리하며 기선을 제압한 것이다.

로시의 선제골로 기세를 탄 이탈리아는 연거푸 두 골을 추가하며 3대 0까지 리드를 벌린다. 경기 막판 서독이 한 골 따라붙었지만, 이미 승부는 결정 난 뒤였다. 그렇게 이탈리아는 서독을 3대 1로 꺾고 월드컵 트로피를 차지하게 된다. 통산 세 번째 우승이었으며 1938 프랑스 월드컵 이후 44년 만에 차지한 월드컵 우승이었다.

　우승의 일등공신은 승부처마다 결정적인 골을 넣어 승부를 결정지은 파올로 로시였다. 대회 초반 부진을 거듭하며 유령이라 조롱당하던 파올로 로시는 마지막 3경기에서 3골, 2골, 1골을 몰아넣

파올로 로시(1956~2020)
월드컵 우승 직후 파올로 로시가
월드컵 트로피에 입맞춤하고 있다.

으며 총 6골을 기록했다. 이로 인해 5골을 넣은 루메니게를 제치고 득점왕을 거머쥐었다. 나아가 이탈리아 우승의 결정적인 역할을 했다는 공로를 인정받아 월드컵 사상 최초 공식 골든볼(MVP)을 거머쥐게 된다. 앞선 4경기의 부진을 가릴 정도로 대단한 퍼포먼스를 보여주었기 때문이다.

월드컵 신데렐라 파올로 로시는 40년이 지난 지금까지도 월드컵 역사에서 '우승+득점왕+골든볼'을 동시에 석권한 유일한 선수로 남아있다.

Ep. 13

마라도나의,
마라도나에 의한, 마라도나를 위한

여물지 못한 재능

키가 166cm에 불과했지만, 낮은 신체 중심과 탄탄한 피지컬을 지녔던 선수가 있었다. 드리블에서 대단한 재능을 보여준 마라도나였다.

타고난 축구 재능의 소유자인 그는 고작 16세의 나이로 국가대표팀에 선발된다. 다만, 너무 어려 1978 아르헨티나 월드컵 엔트리에는 끼지 못했다. 대신 마라도나는 다음 해에 있었던 U-20 월드컵에서 6골을 넣으며 MVP를 받는다. 그러고 1982년 스페인 월드컵 때는 당당히 대표팀 명단에 이름을 올린다.

마라도나는 에이스를 상징하는 등번호 '10번'을 배정받았다. 하지만 아직 그에게 세계의 벽은 높았다. 결국 2차 조별리그에서 이탈리아와 브라질에게 연달아 패했다. 심지어 브라질 전에서 보복성 파울을 가해 레드카드를 받으며 쓸쓸히 생애 첫 월드컵을 실망스럽게 마쳐야 했다.

그러나 이 대회를 기점으로 유럽에 진출한 마라도나는 세계 최고의 선수로 거듭났다. 바르셀로나를 거쳐 나폴리에 정착한 마라도나는 환상적인 퍼포먼스를 보여주었다. 강등권이었던 나폴리를 첫 시즌 8위, 두 번째 시즌 3위까지 끌어올렸다. 축구팬들은 단 한 명의 선수가 축구팀을 이렇게까지 변화시킬 수 있음에 감탄했다.

새로운 캡틴, 디에고 마라도나

1986 멕시코 월드컵을 앞두고 아르헨티나의 분위기는 썩 좋은 편은 아니었다. 월드컵 예선과 친선 경기에서 졸전을 펼쳤기 때문이다. 1978 아르헨티나 월드컵 우승 때부터 주장이었던 핵심 수비수 다니엘 파사레야의 부상 이탈 역시 뼈아팠다.

이때, 마라도나는 파사레야를 대신해 팀의 주장으로 임명됐다. 그의 나이는 25세였다. 베테랑은 아니지만, 감독은 마라도나의 천재적인 능력과 리더십을 믿었다. 주장 완장을 차고 출전한 마라도나는 조별리그 첫 경기 한국을 상대로 3도움을 기록했다.

마라도나의 두 번째 상대는 디펜딩 챔피언 이탈리아였다. 지난 대회 패배를 되갚아 줄 절호의 기회였다. 마라도나는 찬스를 만들기 위해 경기장 곳곳을 누볐다. 상대의 태클에 고전했지만 번뜩이는 멋진 드리블을 보여주었고 골까지 넣으며 팀의 공격을 이끌었다. 결과는 아쉽게 1대 1 무승부에 만족해야 했다. 세 번째 상대는 불가리아였다. 마라도나는 이번에도 최고의 경기력을 보여주었으며 정확한 크로스로 팀의 두 번째 골을 어시스트하며 조별리그 모든 경기에서 공격포인트를 기록하는 절정의 퍼포먼스를 보였다.

신의 손 사건

마라도나는 8강에서 축구 종가 잉글랜드를 만났다. 당시 아르헨티나와 잉글랜드의 사이는 철천지원수였다. 1982년 양국 간 벌어진 포클랜드 전쟁 때문이었다. 전쟁의 승자는 영국이었다. 당연히 아르헨티나 국민은 포클랜드 전쟁의 복수를 위해 월드컵에서만큼은 승리를 원했다. 국민의 여론을 반영한 언론 역시 마라도나와 대표팀 선수들에게 반드시 승리해야 한다고 압박했다. 자칫 부담을 느낄 수 있는 상황이었지만, 마라도나는 이 부담을 오히려 강한 동기부여로 삼았다. 이날, 마라도나는 축구 역사에 길이 남은 퍼포먼스를 보여준다.

잉글랜드 수비들은 그가 공만 잡으면 강한 압박과 거친 반칙을 일삼았다. 심지어 마라도나가 공을 잡지 않고 있을 때도 견제가 쏟아졌다.

이에 굴하지 않은 마라도나는 기어이 상대 골문을 뚫는 데 성공한다. 페널티 박스 앞에서 동료에게 2대 1 패스를 건넨 마라도나는 골대 앞으로 달려갔다. 하지만 동료가 패스를 제대로 받지 못했고, 이를 잉글랜드 수비수가 걷어낸다. 그런데 웬걸? 걷어낸 공이 문전으로 향했고 마라도나가 헤더로 골로 연결했다. 아르헨티나는 선제골을 기록한다.

잉글랜드 선수들이 심판에게 격렬하게 항의했다. 그들은 공이 마라도나의 머리가 아닌 손에 맞았다고 보았다. 반면 마라도나는 태연하게 세러머니를 하며 동료들과 득점의 기쁨을 나누었다. 영상을 다시 보니 명백한 핸드볼 파울이었다. 잉글랜드의 항의에도 판정은 변하지 않았다.

일명 '신의 손' 사건이었다. 마라도나는 인터뷰에서 조금의 마라도나의 머리와 약간의 '신의 손'이 선제골을 만들었다고 말했다. 그 전말이 먼 훗날 밝혀졌는데, 마라도나는 동료들에게 세러머니에 참여하지 않으면 심판이 골을 취소할 거 같아 빨리 오라고 말했다고 한다.

월드컵 최고의 골

월드컵 역사상 가장 논란이 되는 골을 터뜨린 마라도나. 이번에는 월드컵 역사상 최고의 골을 성공시킨다. 선제골 직후 하프라인 부근에서 볼을 잡은 마라도나는 순식간에 두 명을 벗겨내고 질주를 시작했다. 그리고 한 명, 두 명 제치더니 기어이 골키퍼까지 제치고 빈 골대에 공을 집어넣었다. 마라도나는 55m나 되는 거리를 10초 동안 홀로 달렸다. 그 사이에 44번의 발걸음과 12번의 터치가 있었다. 그의 신들린 드리블에 농락당한 잉글랜드의 선수는 무려 6명이었다. 경기 종료 10분 전, 1986 월드컵 득점왕 개리 리네커가 만회골을 터뜨렸지만 아르헨티나의 승리를 막을 수는 없었다. 그렇게 마라도나는 팀을 4강으로 이끌었다.

마라도나의 이 두 번째 골은 잉글랜드 사람들조차 인정했다. 사람들은 이를 두고 '세기의 골', '월드컵 역사상 최고의 골'이라며 칭송했다. 당시 잉글랜드의 수문장이었던 전설적인 골키퍼 피터 쉴튼 역시 마라도나의 신의 손은 용서할 수 없지만, 그가 보여준 환상적인 솔로 골은 정말 최고였다고 말하며 마라도나의 위대함을 인정했다. 전 세계 축구 팬은 이날, 5분 동안 월드컵 역사상 가장 추악한 골과 가장 위대한 골을 동시에 경험했다. 그 주인공은 다름 아닌 마라도나였다.

솔로 퍼포먼스의 절정

4강에서 벨기에를 마주한 마라도나. 이날도 자기 능력을 유감없이 뽐냈다. 환상적인 침투와 드리블로 벨기에 수비를 농락한 후 정확한 슈팅으로 골을 넣었다. 아르헨티나는 마라도나의 멀티골에 힘입어 2대 0 승리를 거두고 결승에 진출했다.

마라도나의 마지막 상대는 서독이었다. 서독의 감독은 1974 서독 월드컵에서 요한 크루이프를 꺾고 세계 챔피언이 되었던 프란츠 베켄바워였다. 베켄바워는 마라도나의 마크맨으로 당대 최고의 미드필더인 마테우스를 지목했다.

결승 당일, 집중 마크를 당하는 마라도나나 마크하는 마테우스나 모두 화려한 퍼포먼스를 보여주지 못했다. 그럼에도 아르헨티나가 중원 싸움에서 우위를 보이며 2대 0으로 앞섰다. 월드컵 트로피는 아르헨티나 차지로 보였다. 하지만 코너킥에서만 두 골을 몰아 넣은 서독은 경기를 연장으로 이어가고자 했다.

마라도나는 연장전에 갈 생각이 없었다. 중원에서 볼을 잡은 마라도나는 침투하는 공격수에게 자로 잰 듯한 스루패스를 넣어주었다. 그리고 이어지는 부루차가의 깔끔한 마무리. 결국 아르헨티나는 3대 2로 서독을 꺾고 8년 만에 우승 트로피를 차지한다. 마라도나는 결승전 결승골을 어시스트하며 대회 우승과 MVP인 골든볼 트로피를 거머쥐었다.

11만 5천여 명의 관중의 환호와 박수 그리고 멕시코의 뜨거운 태양 아래 마라도나는 트로피에 입맞춤 했다. 마라도나가 60년대의 펠레, 70년대의 크루이프 & 베켄바워를 이어 80년대 최고의 선수로 등극하는 순간이었다.

　마라도나는 팀 스포츠인 축구에서 혼자 힘으로 어느 정도의 퍼포먼스를 보여줄 수 있는지 전 세계인들에게 똑똑히 알려주었다. 세상 사람들이 마라도나를 '축구의 신'이라 불렀던 이유, 바로 그의 압도적인 퍼포먼스 때문이다.

디에고 마라도나(1960~2020)
월드컵 우승 직후 마라도나가
트로피를 들어 올리며 우승을 자축하고 있다.

Ep. 14

마테우스,
역대 최고의 수비형 미드필더

서독과 마테우스, 월드컵 2연속 준우승

역대 최고의 공격형 미드필더가 마라도나라면 역대 최고의 수비형 미드필더는 누구일까? 바로 서독의 로타어 마테우스다.

대단한 능력 덕분에 마테우스는 어린 시절부터 많은 주목을 받았다. 그는 19세의 나이에 유로 1980 국가대표팀에 선발된다. 쟁쟁한 선배들의 활약에 주전으로 뛰지는 못했지만, 1경기 교체 출전하면서 조국의 우승에 미약하게나마 일조했다.

그는 1982 스페인 월드컵에서도 당당히 대표팀 명단에 이름을 올렸다. 마테우스의 첫 번째 월드컵이었다. 이번에도 21세 마테우스는 벤치 신세를 면하지 못했다. 팀은 준우승을 차지했지만, 마테우

로타어 마테우스(1961~)
마테우스의 선수 시절 모습이다.

스는 고작 교체로 2회 출전했을 뿐이었다.

사실 이 대회는 조별 예선 마지막 경기에서 서독과 오스트리아의 소극적 경기로 '히혼의 수치'란 말이 생겨나기도 했다.(101쪽 '히혼의 수치' 참조)

마테우스의 입지가 달라진 건 바이에른 뮌헨에 입단하면서다. 당시 세 시즌 동안 리그 우승을 하지 못했던 바이에른 뮌헨이 마테우스의 합류 이후 3시즌 연속 우승을 차지한다.

이런 그를 주목한 이가 있었으니, 서독 축구의 황제 프란츠 베켄바워 당시 대표팀 감독이었다. 베켄바워는 1986 멕시코 월드컵에서 그를 명실상부한 주전으로 기용한다. 그러나 마라도나의 아르헨티나를 막지 못하고 결승에서 무너지며 또다시 준우승으로 만족해야 했다.

절치부심한 '마테우스'의 서독

월드컵 트로피를 목전에서 두 번이나 놓친 마테우스. 그는 이를 바득바득 갈며 1990 이탈리아 월드컵을 준비했다. 마테우스는 1988년 이탈리아 세리에A의 강호 인터밀란으로 이적해 팀을 9년 만에 우승으로 이끄는 등 대단한 활약을 보여주고 있었다.

베켄바워 감독은 팀의 활력을 불어넣을 수 있고 공격은 물론 수비까지 성실하게 임하는 마테우스를 보고 그를 주장으로 선임한다. 이 일은 독일 축구의 역사를 드높이는 최고의 선택이었다.

1990 이탈리아 월드컵 조별리그. 서독은 유고슬라비아, 아랍에미리트, 콜롬비아와 한 조에 속하게 된다. 마테우스는 첫 경기부터 자기 능력을 유감없이 보여주었다. 유고슬라비아와 4대 1, 아랍에미리트와 5대 1 대승을 이끈다.

서독의 16강 상대는 네덜란드였다. 경기 도중 네덜란드 수비의 핵심 레이카르트와 서독의 공격수 루디 펠러가 싸움을 벌여 동반 퇴장을 당했다. 수비의 핵을 잃은 네덜란드가 더 불리했다. 내리

두 골을 허용하며 무너졌다. 뒤늦게 한 골을 만회했으나 승부는 이미 기운 후였다. 마테우스는 체코슬로바키아와 8강 경기에서 페널티킥 결승골을 넣으며 1대 0으로 꺾고 4강에 진출했다.

4강전 상대는 잉글랜드였다. 개리 리네커, 폴 개스코인 등 유명 스타들이 즐비한 만만치 않은 상대였다. 하지만 서독은 승부차기 끝에 결승 티켓을 거머쥔다.

위대한 게르만족

결승전의 상대는 지난 대회에서 만났던 아르헨티나였다. 설욕할 수 있는 절호의 기회였다. 사실 베켄바워 감독은 1986 멕시코 월드컵 아르헨티나와 결승전에서 치명적인 실수를 저질렀던 적이 있었다. 베켄바워는 마라도나를 막으려고 마테우스를 마크맨으로 기용했다. 그게 패착이었다. 마테우스가 마라도나만을 신경 쓰느라 중원 싸움에 힘을 보태지 못해 주도권을 빼앗겼다. 두 골을 먹고서야 뒤늦게 전술을 바꿔 2대 2까지 따라붙었다. 하지만 마테우스의 압박이 느슨해지자 다소 자유로워진 마라도나를 막지 못해 결국 좌절을 맛보아야 했다.

이런 아픔을 갖고 있던 베켄바워는 똑같은 실수를 반복할 수 없었다. 아르헨티나 대표팀의 전력이 약해진 데다 마라도나의 경기력도 지난 대회처럼 압도적이지 않았다. 반면, 서독은 클린스만, 펠러, 브레메 등 월드클래스 선수들이 가득했다. 이들의 리더 마테우스는 그야말로 최절정의 기량을 보여주고 있었다.

베켄바워 감독은 공격적인 전술을 주문했다. 마테우스를 중심으로 서독팀은 단 한 번도 주도권을 잃지 않았다. 아르헨티나는 2명이 퇴장당하는 악재 속에서도 독일의 공격을 잘 막아내기는 했다. 하지만 결국 마테우스의 발끝에서 시작하여 경기의 마침표를 찍게 된다.

중원에서 볼을 잡은 마테우스가 쇄도하는 루디 펠러에게 패스했고, 펠러가 박스 안에서 파울을 당하면서 페널티킥을 얻어 낸다. 축구화가 찢어져 갈아신었던 마테우스는 착용감 때문에 브레멘에서 페널티킥을 양보한다. 브레멘은 침착하게 구석으로 공을 차 넣으며 선제 결승골을 기록한다. 서독은 통산 세 번째 우승 트로피를 차지한다.

1990년 서독의 월드컵 우승 주역은 누가 뭐라 해도 마테우스였다. 또 선수로서 우승을 차지했던 베켄바워는 감독으로도 우승을 차지한다.

한편 서독의 경사는 월드컵 우승만이 아니었다. 얼마 지나지 않아 완전한 통일을 맞이했다.

아킬레스건 부상과 굴욕

마테우스는 월드컵 우승을 차지하며 경력의 최정점에 도달한다. FIFA 월드컵 실버볼을 수상했고, 나아가 1990 발롱도르까지 차지했다. 소속팀 활약도 이어졌다. 1991년에는 인테르의 UEFA컵 우승을 이끈 공로를 인정받아 FIFA 올해의 선수상을 수상했다.

하지만 유로 1992를 앞두고 아킬레스건을 다치면서 기량이 꺾이기 시작한다. 경험과 노련함을 살리기 위해 리베로로 포지션을 바꾸기도 했다.

하지만 1994 미국 월드컵에서는 8강에 그쳐야 했으며, 유로 1996은 클린스만과 불화 때문에 출전조차 하지 못하는 굴욕을 겪어야 했다.

마테우스는 1998~99시즌 39세라는 나이가 믿기지 않을 정도로 뛰어난 활약을 보여주며 팀을 리그 우승, 챔피언스리그 결승으로 이끈다. 하지만 맨체스터 유나이티드에게 추가시간 극장골을 허용하면서 2대 1로 패하고 만다. 그토록 염원했던 챔피언스리그 우승은 끝내 이루지 못했다.

비록 챔피언스리그 우승을 차지하지는 못했지만, 마테우스는 월드컵 우승, 준우승 2회, 유로 우승 1회라는 최고의 국가대표 커리어를 지닌 레전드가 되었다.

+ 히혼의 수치

월드컵 조별리그 마지막 경기는 모두 동시에 펼쳐진다. 처음부터 그랬던 건 아니다. 1982 스페인 월드컵, 참가국이 16개국에서 24개국으로 늘어났다. 축구 변방 대륙의 국가가 월드컵에 참가하며 '세계인의 축제'로 자리 잡고 있었다. 이 대회에서 '사막 여우' 알제리가 돌풍을 일으켰다. 서독을 2대 1로 이긴 거다. 같은 조에서 칠레의 탈락이 확정된 가운데 서독과 오스트리아는 2라운드 진출 여부를 가려야 했다. 오스트리아는 한두 점 차로 져도 되지만 서독은 앞뒤 잴 것 없이 승리가 필요했다. 알제리도 경우의 수를 따질 판이었다.

이런 상황에서 세계의 시선은 조별리그 마지막 경기가 펼쳐지는 히혼으로 향했다. 그런데 서독의 선제골 이후 상황이 이상하게 흘러갔다. 서독이 갑자기 소극적인 태도로 경기에 임하기 시작했다. 오스트리아도 마찬가지였다. 왜?

두 팀 입장에선 1대 0으로 끝내는 것이 나쁘지 않았다. 이럴 경우 알제리가 3위로 밀리고 서독과 오스트리아에 다음 라운드에 올라가기 때문이었다.

경기의 후폭풍은 거셌다. 사람들은 이 졸전을 '히혼의 수치', '히혼의 불가침조약', '히혼의 불명예'라고 불렀다. 결국 FIFA는 이 대회 이후 모든 월드컵 조별리그 마지막 경기는 동시에 치르도록 규정을 바꿨다. UEFA 챔피언스리그, 유로 심지어 리그 경기까지 대부분의 대회에서 순위가 결정될 가능성이 높은 리그 마지막 경기는 꼭 같은 시간대에 펼쳐진다. 카타르 월드컵에서 우리 대한민국의 상황이 바로 살아있는 본보기였다.

Ep. 15

비운의 판타지 스타, 로베르토 바조

판타지 스타, 세계 최고의 선수로

'판타지 스타'란 칭호로 불린 선수가 있었다. '판타지 스타Fantasista'는 이탈리아어로 '재주꾼', '다재다능한 사람'을 칭한다. 이 칭호의 주인공은 바로 로베르토 바조다.

어려서부터 재능이 뛰어났던 로베르토 바조. 그는 데뷔부터 파란을 일으켰다. 세리에C(3부 리그)에서 세리에A(1부 리그) 피오렌티나로 다이렉트 이적했던 거다.

재능을 인정받은 바조는 자연스레 아주리 군단 일원으로 선발된다. 1990 이탈리아 월드컵에 출전한 바조는 공격수 스킬라치와 좋은 호흡을 선보였다. 바조는 월드컵에서 6골을 넣으며 득점왕과

로베르토 바조(1967~)
로베르토 바조의 선수 시절 모습이다.
판타지 스타라는 칭호가 걸맞은
외모를 갖고 있다.

 골든볼을 차지한 스킬라치에 비해 주목을 덜 받았다. 하지만 이탈리아 4강 진출에 혁혁한 공을 세웠다. 바조는 1990 이탈리아 월드컵을 기점으로 전 세계 축구팬들의 기대를 받는 선수로 떠오른다.

 1990 이탈리아 월드컵이 끝난 직후 바조는 재정난에 허덕이는 피오렌티나를 위해 거액의 이적료를 남기고 유벤투스로 이적하게 된다. 유벤투스는 발롱도르 3회에 빛나는 전설적인 플레이메이커 미셸 플라티니의 후계자로 바조를 낙점했다. 플라티니를 상징하는 등번호 10번을 이어받은 바조는 구단의 기대에 제대로 부응했다. 득점이면 득점, 도움이면 도움, 드리블이면 드리블 모두 최고의 경

지에 이르렀고 아름다운 플레이를 펼치는 그에게 팬들은 '판타지 스타'라는 별명을 지어주었다.

바조의 월드컵 도전

유럽 무대에서 최고의 선수로 인정받은 바조에게 남은 목표는 단 하나, 월드컵 트로피였다. 축구 역사에 이름을 새긴 세계 최고의 선수들은 모두 월드컵에서 빼어난 활약을 펼쳤다.

바조 역시 이런 선배들의 명성을 가슴에 새겼던 터라 자국에서 열렸던 지난 월드컵의 4강 문턱 좌절의 기억을 잊지 않았다.

바조는 아리고 사키 감독이 이끄는 아주리군단의 에이스였다. 이탈리아가 예선에서 넣은 14골 중 5골 7도움을 기록했다. 그런 바조는 1994년 여름, 세계 정복을 위해 미국행 비행기에 몸을 싣는다.

아일랜드, 노르웨이, 멕시코와 한 조에 배정된 이탈리아는 무난한 조별리그 통과가 예상되었다. 하지만 첫 경기인 아일랜드에게 일격을 받더니 노르웨이전에서는 신승, 멕시코전에서 졸전 끝에 비겼다.

바조 역시 이렇다 할 활약을 보여주지 못하며 팬들의 비난을 피할 수 없었다. 게다가 2차전 노르웨이전에서 이탈리아의 골키퍼가 퇴장당해 서브 골키퍼를 투입할 때 사키 감독은 바조마저 벤치로 불러들였다. 에이스 바조는 왜 자신을 빼냐는 제스처를 취하며 "미쳤네"라고 말하는 장면이 중계에 그대로 포착되며 논란이 일기도 했다. 바조는 자신을 교체시킨 사키 감독에게 "내가 마라도나였어도 교체했을 거냐?"며 항의했다는 이야기가 있다.

이탈리아는 힘겹게 16강에 진출했다. 이탈리아 국민의 비난이 쏟아졌다. 16강에서 만난 나이지리아전에서도 선제골을 허용해 패색이 짙었다.

영웅은 이런 위기에서 등장하게 마련이다. 이때부터 바조의 판타지가 시작됐다. 종료 2분을 남겨놓고 동점골, 연장에서 페널티킥 역전골을 넣어 팀의 2대 1 승리를 이끌었다. 스페인과 8강전에서도 활약은 멈추지 않았다. 결승골을 넣었다. 여기서 끝이 아니었다. 바조는 돌풍을 일으키며 4강까지 진출한 불가리아전에서 두 골을 넣는다.

아주리군단을 결승에 진출시킨 바조는 그동안 비난하던 사람들에게 자신이 왜 판타지 스타이고, 세계 최고의 선수인지 스스로 증명했다. 팀이 넣은 8골 중 5골이 바조의 득점이었다. 토너먼트에서는 홀로 팀을 이끌다시피 했다. 그의 날카로운 결정력은 82년의 파올로 로시, 90년의 스킬라치 등 국가대표 선배들이 보여주었던 놀라운 퍼포먼스를 떠올리게 했다.

라이벌 호마리우

이제 이겨내야 할 상대는 세계 최강 브라질이었다. 브라질의 에이스는 '바조의 라이벌' 호마리우였다. 호마리우는 1993 FIFA 올해의 선수상에서 바조에게 밀려 2위를 차지했다.

두 선수 모두 결승 직전까지 5골을 넣으며 최고의 활약을 보여주었다. "브라질이 이기면 호마리우, 이탈리아가 이기면 바조가 MVP를 차지할 것"이라며 모두 강력한 MVP 후보였다. 게다가 이탈리아와 브라질의 우승 전적 역시 똑같이 3회였다. 이긴 팀은 단독으로 월드컵 역대 최다 우승팀으로 거듭나기 때문에 많은 사람이 이 경기를 주목했다.

다만, 바조는 대회 내내 햄스트링 부상을 안고 토너먼트에 임했다. 4강전에서는 진통제 주사를 맞아야 할 정도였다. 바조가 결승전에 출전할 수 없을지도 모른다는 이야기가 돌았다. 자연스레 축구 팬들은 과연 바조가 결승전에 선발 출전 여부에 주목했다.

그러나 어떤 선수가 세계 최고의 무대인 월드컵 결승전을 포기할 수 있단 말인가? 바조는 부상 우려에도 출전을 감행한다. 이탈리아의 우승을 위해 모든 걸 쏟아내기 시작했다. 공격은 세계 최고의 '창' 브라질이 주도권을 잡았다. 반면 수비는 세계 최고의 '방패' 이탈리아가 철벽 방어를 했다.

바조는 역습을 노리며 이탈리아 공격을 이끌었다. 하지만 결정력이 아쉬웠다. 바조는 햄스트링 통증이 있는지 슈팅이 약하거나 부정확했다. 다리를 부여잡기도 했다. 경기는 결국 승부를 내지 못했다. 0대 0. 월드컵 역사상 최초로 승부차기를 통해 승패를 가르게 됐다.

비운의 선수

하지만 운명의 여신은 바조를 외면했다. 3대 2로 뒤지는 상황에서 5번 키커로 등장한 로베르토 바조. 그는 공을 하늘 위로 날려버렸다. 브라질이 웃었다. 물론 바조가 성공시켰어도 브라질의 5번 키커가 성공했다면 브라질의 승리였다.

이탈리아 팬들은 큰 충격에 빠졌다. 영웅 바조가 실축할 걸로 아무도 예상하지 못했기 때문이다. 일부 극성팬들은 바조의 인형과 초상화를 불태우는 등 극단적인 행태를 보였다.

바조는 그렇게 월드컵 트로피를 눈앞에서 놓쳤다. 단 한 순간 영웅에서 역적이 되는 굴욕을 맛보아야 했다. 바조는 지금까지도 그 순간을 후회한다고 말한다.

하지만 다시 생각해 보면 바조에게 쏟아졌던 온갖 비난과 조롱은 너무 가혹하지 않았나 싶다. 바조가 없었다면 이탈리아는 결승전 구경도 못했을 거다. FIFA 올해의 선수상은 월드컵 우승을 차지한 호마리우에게 내주었지만, 그는 분명 월드컵에서 최고의 활약을 보여준 세계 최고의 선수 중 한 명이었다. 비록 월드컵 트로피를 차지하지는 못해 '비운의 선수', '역적'이라는 오명을 쓰기도 했지만, 바조의 위대한 업적과 1994 미국 월드컵 당시 퍼포먼스는 축구팬들이 꼭 기억해야 할 중요한 역사로 남을 것이다.

Ep. 16

신이 내린 재능,
버티지 못한 육체 호나우두

혜성, 유럽 리그 폭격

1990년대 후반부터 2000년대 중반까지 누가 축구계를 지배했을까? 지단, 피구, 베컴, 히바우두, 호나우지뉴, 앙리, 네드베드…. 이름만 들어도 설레는 쟁쟁한 스타들이 떠오른다. 하지만 월드컵에서만큼은 이 선수가 가장 위대했다. 국내에서 '호돈신'이라 불리는 호나우두다.

리우데자네이루 빈민촌에서 자란 호나우두. 이 소년의 재능은 실로 대단했다. 어려서부터 브라질 리그에서 엄청난 재능을 뽐내더니 고작 17세에 카나리아 군단의 멤버로 발탁됐다.

그렇게 참가한 1994 미국 월드컵에서 브라질은 펠레 은퇴 이후 처음으로 세계 정상 자리를 차지한다. 호나우두는 호마리우, 베베투 등 선배들에 밀려 단 한 경기도 출전하지 못했다. 그러나 브라질이 어떤 나라인가? 빛나는 재능이 차고도 넘치는 선수들이 즐비한 축구에 미친 나라다. 17세에 대표팀에 발탁된 것만 해도 대단하다.

월드컵 직후 유럽 무대로 진출한 호나우두는 자신의 재능을 유감없이 뽐냈다. 183cm 키에 탄탄한 피지컬, 빠른 스피드, 화려한 발재간, 정확한 슈팅 등 스트라이커라면 가져야 할 모든 능력을 갖추고 있었다.

네덜란드에 상륙한 호나우두는 압도적인 퍼포먼스를 보이며 유럽을 정복하기 시작했다. 네덜란드 무대를 평정한 후, 당시 최고 기록 이적료를 갱신하며 바르셀로나로 건너갔다. 스페인을 포격한 이후 다시 최고 이적료 기록을 경신하며 인터밀란에 합류한다. 호나우두는 '리그 적응'이란 단어를 모르는 듯했다. 신이 내린 재능을 뽐내며 이탈리아 무대를 폭격했다. 그는 1996 FIFA 올해의 선수상, 1997 발롱도르를 모두 최연소로 석권하며 자신이 최고의 선수라는 걸 증명했다.

호나우두의 환상적인 퍼포먼스에 유럽 언론들은 고작 20세 소년에게 펠레, 마라도나와 필적할 만한 선수가 나타났다며 칭송했다. 호나우두가 뛰었던 이탈리아에서는 '페노메노Fenomeno, 경이로운 현상'를 호나우두의 별명으로 사용할 정도였다.

1998 프랑스 월드컵, 호나우두 신드롬

호나우두의 활약은 유니폼을 가리지 않았다. 국가대표팀에서 노란색 유니폼을 입고도 환상적인 퍼포먼스를 이어나갔다. 1996 애틀랜타 올림픽에서 동메달을 차지한 것을 시작으로 1997 코파 아메리카에서 우승과 MVP를 동시 석권했다. 이어진 컨페더레이션스 컵에서 결승전 해트트릭으로 팀의 우승을 견인하였다. 이때 그는 1994 미국 월드컵 우승의 주역 호마리우와 환상적인 호흡을 보이며 1998 프랑스 월드컵에 대한 기대감을 높였다.

그러나 아쉽게도 호마리우가 부상해 케미를 보여주지는 못했지만, 대신 베베투가 있었다. 그렇게 호나우두는 21세의 나이로 생애 두 번째 월드컵에 출전한다.

호나우두는 물오른 기량으로 프랑스에서 전 세계인들에게 자기 능력을 과시했다. 골이면 골, 드리블이면 드리블, 패스면 패스, 침투면 침투 무엇 하나 빠짐없이 세계 최고 수준의 능력을 보여주었다.

조별리그에서부터 중거리 발리슛으로 존재감을 드러낸 호나우두는 팀을 4강까지 안착시켰다. 특히 4강 네덜란드 전에서 그는 절정의 기량을 보여주며 전 세계 축구팬들의 마음을 사로잡는 데 부족함이 없었다. 거친 태클과 온갖 견제에도 불구하고 호나우두는 기가 막힌 라인 브레이킹으로 득점에 성공했다. 특히 스피드를 이용한 장거리 단독 돌파는 야생마 같았다. 비록 막판에 태클로 막혔지만, 월드컵 역사상 가장 짜릿한 순간이라는 평가를 들을 정도로 대단했다.

정말 완벽했다. 팀은 2회 연속 월드컵 결승 무대에 올랐다. 펠레 시대 이후 최초로 2연패를 꿈꿨다. 호나우두는 그 팀의 절대적인 에이스였다.

사라진 페노메노

대망의 결승 상대는 개최국이자 지네딘 지단이 이끄는 프랑스였다. 지단이 토너먼트에서 레드카드를 받았음에도 개최국은 강력한 모습을 잃지 않고 결승에 안착했다. 하지만 호나우두를 막지 못해 브라질이 이길 것이라는 예측이 압도적이었다.

그런데 브라질 대표팀의 분위기가 심상치 않았다. 경기가 얼마 남지 않은 시점, 대망의 선발 라인업이 발표되었는데 호나우두 이름을 찾을 수 없었던 거다. 월드컵 최고 스타의 이름이 빠지자, 전 세계인은 충격에 빠졌다. 하지만 경기를 70여 분 앞두고 선발 라인업은 변경되었고, 호나우두는 본래 자리에 이름을 올렸다. 많은 축구 팬은 왜 갑자기 이런 해프닝이 일어난 지 궁금해했다.

그렇게 시작한 결승전, 그 경기에서 호나우두는 지금껏 보여준 위력적인 모습은 온 데 간 데 사라지고 없었다. 단순히 찬스를 놓친 것이 아니라 경기에서 아예 지워졌다. 결과는 3대 0 프랑스의 완승이었다. 그렇게 호나우두의 '축구황제' 대관식과 조국의 영광스러운 월드컵 2연패는 모두 물거품이 되었다. 호나우두를 비추던 스포트라이트는 코너킥 상황에서 헤더로 2골을 넣으며 조국을 우승으로 이끈 지단이 독차지했다.

호나우두는 눈부신 스포트라이트 대신 패배의 원흉이라는 비난을 받아야 했다. 대회 내내 굉장한 퍼포먼스를 보여준 호나우두가 왜 그토록 부진했는지에 대한 기사가 쏟아졌다. 그리고 부상이다, 마약을 했다 등 온갖 루머가 나돌았다.

시간이 흐른 후, 진실이 드러났다. 결승전을 얼마 남기지 않은 시점 호나우두는 갑작스러운 발작 증세를 보였다고 한다. 룸메이트였던 호베르투 카를로스가 최초 발견해 팀닥터를 호출했고, 즉각 병원으로 후송된 호나우두는 잠깐 동안 의식을 잃기까지 했다는 거다.

생명을 건진 호나우두는 자갈로 감독에게 결승전을 뛰고 싶다고 했단다. 감독 역시 슈퍼스타를 제외할 이유가 없었다. 하지만 무리였다. 이 도박은 무참한 실패로 돌아갔다. 하나 위안 삼자면 트로피는 라이벌 지단에게 내줬지만, 골든볼[MVP]은 호나우두의 차지였다.

신의 능력을 견디지 못한 인간

1998 프랑스 월드컵 결승전 이후 호나우두는 1999 코파 아메리카에서 히바우두와 함께 공동 득점왕을 차지하며 좋은 모습을 보였다. 하지만 클럽에서는 상황이 좋지 않았다. 월드컵 악몽에서 아직 벗어나지 못했던 걸까?

설상가상으로 1999년 11월 호나우두는 무릎 부상을 당해 절뚝거리며 경기장을 빠져나가는 모습이 포착됐다. 진단 결과 무릎 힘줄이 파열돼 수개월간 결장이 불가피했다. 그렇게 재활 후 돌아온 호나우두는 이번에는 모든 걸 빼앗겨야 했다. 복귀전에서 고작 6분

부상 당한 호나우두(1976~)
2010년경에 찍은 사진이다. 그만큼 호나우두는 선수 시절 내내 부상 악몽에 시달렸다.

만에 스텝 오버(헛다리)를 시도하다 혼자 넘어진 것이다. 그 즉시 호나우두는 이제까지 보지 못했던 표정과 함께 괴성을 지르며 무릎을 부여잡았다. 5개월 만에 경기장으로 돌아온 호나우두에게 너무 가혹한 순간이었다. 이를 지켜본 팬들의 표정도 어두웠다.

    진단 결과 오른쪽 무릎 슬개건이 완전히 끊어져 버렸다고 발표했다. 충격이었다. 호나우두는 2년 동안 필드를 떠나야 했다. 여러 언론은 호나우두의 선수 생명이 끝났다며 슬픔을 표했다. 그럴 만도 했다. 프로 축구 선수에게 2년의 공백은 치명적이다. 게다가 부상 부위가 축구 선수에게 가장 중요한 무릎이 아닌가? 호나우두의 장점을 생각했을 때 무릎 부상은 너무 치명적이었다. 은퇴를 생각해도 이상하지 않았다.

    결국 무려 2년을 재활하며 끔찍한 부상을 이겨낸 호나우두는 여기서 포기하지 않았다. 그의 진짜 도전이 시작되었다.

Ep. 17

호나우두, 월드컵 역사상 최고의 스트라이커

포기할 건가, 재활할 건가

　유럽 무대에서 세계 최고의 선수가 된 만 20세의 호나우두는 발롱도르까지 차지한다. 그러나 호기롭게 출전했던 1998 프랑스 월드컵에서 결승전 직전 발작 증세로 최악의 모습을 보였던 호나우두. 이제 그는 부상을 달고서 팬들의 기억에서 멀어지고 있었다.

　호나우두는 선택의 기로에 섰다. 이대로 선수 생활을 포기할 것인가, 아니면 2년을 재활해 다시 도전할 것인가? 그는 도전을 택했다. 그의 목표는 2002 한일 월드컵 출전이었다.

　호나우두는 나름 월드컵에 한이 있었다. 1994년 우승하긴 했지만, 단 한 경기도 뛰지 못했다. 에이스로 군림하였던 1998년에는 우승 문턱에서 주저앉았다. 그렇다면 굴욕을 떨치고 국민의 지지와 영광을 되찾기 위해서라도 2002 한일 월드컵에서 우승해야만 했다.

호나우두는 이번엔 조급해하지 않았다. 무리한 복귀가 화를 자초했던 만큼 천천히 인내심을 가지며 재활에 임했다. 호나우두는 축구에 대한 열망을 불사르며 하루 9시간씩 재활했다.

긴 재활을 끝낸 호나우두는 2002 한일 월드컵을 얼마 앞두지 않은 시점에 마침내 필드에 복귀한다. 그는 세리에A에서 10경기 7골을 넣으며 자신이 돌아왔음을 알렸다.

전설의 트리오, 3R

호나우두가 없었던 브라질은 남미 예선에서 고전을 면치 못했다. 한 수 아래 전력으로 평가받는 팀들에게 굴욕적인 패배를 맛본 게 한두 번이 아니었다. 겨우겨우 월드컵에 올라온 브라질에게 호나우두는 구세주와 같았다. 호나우지뉴, 히바우두와 함께 '3R'이라 불리는 무시무시한 트리오를 구성하며 팀의 공격을 이끌었다.

그렇게 월드컵 무대로 돌아온 호나우두는 예전과 같은 폭발적인 드리블은 보여주지 못했지만, 침투와 골 결정력만큼은 여전히 월드클래스였다. 지난 대회 결승에서 호나우두를 무릎 꿇게 한 라이벌 지네딘 지단이 부상 여파로 조별리그에서 탈락한 것과는 대

결승전을 앞둔 호나우두(1976~)
1998 프랑스 월드컵 결승전 직전 발작과 같은 사고를 되풀이 하지 않기 위해,
호나우두는 결승전 직전 라커룸에서 준비에 만전을 기했다.

조직이었다. 호나우두의 활약은 토너먼트에서도 계속되었다.

세 번 연속 월드컵 결승 무대를 밟은 호나우두는 드디어 진정한 축구 황제에 등극할 수 있는 절호의 기회를 맞이했다. 상대는 독일. 독일은 '녹슨 전차군단'이라는 오명이 붙을 정도로 가까스로 결승에 올라왔다. 하지만 독일은 조직력만큼은 강력한 팀이었다.

하지만 2002년 6월 30일 일본 요코하마 스타디움에서 펼쳐진 결승전은 다소 싱거웠다. 호나우두가 후반에 2골을 몰아치면서 2대 0으로 이겼다. 그렇게 호나우두는 조국에게 월드컵 트로피를 선물했고, 자신이 20세기 마지막 축구 황제였다는 것을 스스로 증명했다.

비록 대회 MVP에게 수여되는 골든볼은 올리버 칸에게 넘겨줘야 했지만, 월드컵 득점왕에게 주어지는 골든슈 트로피(7경기 8골)와 MVP 2위에게 주어지는 실버볼을 차지했다. 그리고 2002 발롱도르와 FIFA 올해의 선수상을 동시에 거머쥐었다.

월드컵 통산 최다골 경신

호나우두는 2002년 이후, 레알 마드리드로 이적해 제2의 전성기를 구가한다. 비록 무릎 부상 이전의 화려한 모습을 볼 수 없었지만 기가 막힌 라인 브레이킹과 정확한 슈팅 덕분에 많은 골을 넣으며 갈락티코 1기의 중심으로 활약했다.

그러나 갑상선 기능 저하 때문에 찾아온 체중 증가가 그의 발목을 잡았다. 체중이 불어난 만큼 스피드가 떨어지기 시작했고 부상도 더 잦아졌다. 그럼에도 호나우두는 삼바 군단의 없어서는 안 될 스트라이커였다.

다시 4년이 흐른 후 2006 독일 월드컵이 다가왔다. 호나우두, 아드리아누, 호나우지뉴, 카카. 사람들은 이 4명을 두고 '판타스틱 4'라고 칭송하며 브라질의 우승을 점쳤다. 특히 월드컵 통산 12골을 기록하고 있는 호나우두 14골의 게르트 뮐러를 넘어 월드컵 역사상 가장 위대한 스트라이커로 남을 것인가에 주목했다.

처음 조별리그 두 경기에서 보여준 그의 경기력은 실망 그 자체였다. 하지만 조별리그 마지막 경기인 일본전에서 살아났다. 호나우두는 기어이 멀티골을 넣으며 팀의 4대 1 승리를 이끄는 한편 게르트 뮐러의 14골과 동률을 이루어 낸다.

그리고 호나우두는 16강에서 가나를 만났다. 호나우두는 환호성이 나올 정도로 완벽한 라인 브레이킹을 시도했다. 자로 잰 듯한 스루패스를 받은 호나우두는 전매특허인 헛다리짚기로 골키퍼를 제친 후 득점에 성공했다. 대기록 작성을 완벽한 골로 마무리한 호나우두. 월드컵 역사상 가장 많은 골을 넣은 선수로 남는 순간이었다.

그렇게 우승을 향해 달려가는 듯했지만, 브라질은 지단의 프랑스에 0-1 석패하며 탈락하고 만다. 이것이 호나우두의 마지막 월드컵 경기였다.

위대한 전설의 아쉬운 마무리

"머리로는 수비를 어떻게 따돌려야 할지 알고 있지만, 몸이 따라주지 않는다."

호나우두가 은퇴 기자 회견에서 눈물을 흘리며 남긴 말이다. 호나우두는 신이 내린 재능을 타고났다. 압도적인 스피드와 화려한 발놀림은 호나우두의 가장 큰 무기였다. 하지만 양날의 검이었다. 관중들을 열광시키는 만큼 자기 몸을 갉아 먹었던 거다. '호돈신'이라는 별명이 생긴 것도 체중 증가로 인해 과거에 비해 많이 뚱뚱해졌기 때문이다.

호나우두가 역대 최고의 스트라이커냐고 물으면 확실하게 그렇다고 답하긴 어렵다. 기라성 같은 선수들이 그만큼 많기 때문이다. 하지만 월드컵에서만큼은 역대 최고의 스트라이커라고 자신한다. 월드컵 득점 기록은 무려 15골. 비록 2014년 독일의 폭격기 미로슬라프 클로제에게 최다골 기록(16골)을 내주었지만, 월드컵 무대에서만큼은 이룰 수 있는 것을 다 이루었다.

"부상이 없었더라면 호나우두가 역대 최고 선수였을 것이다"라는 세간의 평가도 있다. 부상이 잦았기에 세상이 호나우두를 축구 역사상 최고의 선수로 기억할 순 없을 것이다. 하지만 모든 축구선수의 꿈인 월드컵에서는 펠레와 마라도나에 버금가는 위대한 선수로 그리고 월드컵 역사상 최고의 공격수로 기억될 것이다.

Ep. 18

지단은 왜 월드컵 결승전에서 박치기를 했을까

국가대표 은퇴

명실상부 세계 최고의 미드필더는 누구일까. 단연 지네딘 지단이다. 지단은 탄탄한 피지컬, 우아한 터치, 드넓은 시야와 정확한 패스, 관중들의 환호를 불러일으키는 탈압박 등 공격형 미드필더가 가져야 할 모든 능력을 갖춘 슈퍼스타였다.

1998 프랑스 월드컵 결승전을 생각해 보라. 지단은 헤더로만 멀티 골을 넣으며 팀을 우승으로 이끌었다. 지단이 있는 한 프랑스는 천하무적이었다. 그래서 2002 한일 월드컵의 우승후보 0순위는 당연히 지단의 프랑스였다.

하지만 지단이 월드컵 평가전에서 부상을 당한다. 그럼에도 프랑스가 몰락할 걸로 예상하는 사람은 거의 없었다. 지단 외에도 아스널의 황금기를 이끌던 비에이라와 'PL 킹' 앙리, 그리고 트레제게와 프티, 튀랑 등 월드클래스 선수들이 즐비했기 때문이다.

하지만 결과는 참패였다. 개막전인 세네갈과의 첫 예선전 패배, 우루과이와 무승부를 기록했다. 비상이 걸린 프랑스는 승부수를 띄웠다. 몸 상태가 완전치 못한 지단을 복귀시킨 거였다. 지단은 위기의 조국을 구하기 위해 출전한다. 하지만 덴마크에게 0대 2로 패하는 굴욕을 맛봐야 했다. 그렇게 디펜딩 챔피언 프랑스는 1무 2패에다 무득점으로 탈락한다.

이후 지단은 유로 2004에서 명예를 회복하려 했으나 8강에서 그리스에게 일격을 당한다.(프랑스를 이긴 그리스는 사상 처음 유로 2004 우승을 한다.) 상황이 이렇게 되자 서른두 살의 지단은 자신의 커리어가 황혼기에 도달했음을 인정하며 국가대표 은퇴를 선언한다.

구세주, 돌아온 지단

지단의 은퇴 이후 프랑스는 더욱 흔들리기 시작했다. 2006 독일 월드컵 유럽 예선 초반 6경기에서 5골밖에 넣지 못하는 등 졸전을 펼쳤다. 지단의 복귀 요구가 빗발쳤다. 지단은 자신이 구세주라 생각하지 않는다며 복귀설을 일축했다.

그럼에도 프랑스의 부진은 끝이 없었다. 결국 지단은 프랑스 대표팀 감독이었던 도미니크 감독의 끈질긴 요청에 은퇴를 번복하고 복귀를 선택한다. 주장으로 복직한 지단은 레블뢰 군단(프랑스 대표팀)을 진두지휘해 월드컵 본선에 올려놓았다.

"이번 월드컵이 내 마지막 무대가 될 것"이라고 말한 지단의 마지막 도전은 2006 독일 월드컵에서 시작됐다.

스위스, 한국, 토고와 함께 G조에 편성된 프랑스는 비교적 무난한 조 편성에 손쉬운 16강 진출이 예상됐다. 하지만 2002년의 악몽이 다시 스멀스멀 떠오르기 시작했다. 지단은 부진했고 공격 역시 무뎠다. 스위스와 한국전에서 모두 비겼고, 지단은 경고 누적으로 토고전에 결장하게 된다. 만약 프랑스가 승리를 거두지 못하면 지단의 은퇴 경기는 한국전이 될 뻔했다. 하지만 프랑스는 토고를 2대 0으로 격파하고 가까스로 16강에 진출한다.

조별리그가 끝난 후 지단을 향한 여론은 가히 최악이었다. "우리가 알던 지단이 아니다", "지단을 선발 명단에서 제외해야 한다" 등등.

팀보다 위대한 선수

토너먼트에서 지단은 자신을 향한 비판에 코웃음을 치듯 월드클래스임을 증명하기 시작했다.

지단의 앞에 '무적함대' 스페인이 있었다. 소속팀 레알 마드리드 동료이자 스페인의 주장 라울은 "이번 경기가 지단의 마지막 경기가 되길 바란다. 지단은 훌륭한 선수지만, 지단이 없는 토고전에서만 승리를 거두었다는 걸 잊어선 안 된다"라며 지단을 자극했다.

비판이 약이 됐는지 지단은 완전히 달라졌다. 스페인과의 16강전에서 기어이 역전을 이루어 낸다. 이에 그치지 않았다. 경기 종료 직전 지단은 팀의 세 번째 골을 넣으면서 자신에게 쏟아지는 모든 비판을 잠재우는 데 성공했다. 이때 카시야스, 푸욜 등 상대 수비진을 완벽히 속이며 자기 능력을 입증했다.

스페인을 꺾은 프랑스의 다음 상대는 우승 후보 0순위 '삼바 군단' 브라질. 브라질의 라인업은 화려함 그 자체였다. 호나우두, 호나우지뉴, 카카, 카푸, 주니뉴 등등. 하지만 지단은 이들보다 자신이 한 수 위라는 걸 제대로 보여주었다. 탈압박, 드리블, 패스 등 미드필더가 보여줄 수 있는 정점의 플레이를 축구팬들에게 선물했다. 가히 예술이라 불릴만한 경기력이었다. 이날 지단의 퍼포먼스는 월드컵뿐만 아니라 모든 축구 역사에서 플레이메이커가 경기장에서 할 수 있는 모든 일을 해냈다는 평가를 받는다. 경기 결과는 1대 0. 지단의 크로스를 받은 앙리가 마무리하며 프랑스는 승리를 차지했다. 하지만 스코어와 별개로 지단의 경기력은 가히 역대 최고였다.

레알 마드리드의 동료 라울과 호나우두, 호베르투 카를로스를 모두 월드컵 무대에서 은퇴시킨 지단은 4강에서 역시 팀 동료인 피구의 포르투갈을 만난다. 하지만 포르투갈도 지단의 적수가 되지 못했다. 페널티킥 선제골을 성공시키며 포르투갈을 제압했다. 지단은 16강부터 4강까지 프랑스가 터트린 모든 5골 중 4골에 관여하며 조국을 결승으로 이끌었다. 이제 그에게 남은 경기는 영광의 월드컵 결승전뿐이었다.

화려한 퇴장

지단의 마지막 상대는 이탈리아였다. 세계 축구팬의 시선이 집중됐다. 가장 영광스러운 월드컵 결승전을 은퇴 무대로 삼은 지단이 과연 월드컵 트로피를 들어 올리면서 위대한 축구 여정을 마무리할 수 있을지가 초유의 관심사였다.

부폰과 칸나바로가 이끄는 이탈리아는 단 1실점만 허용하며 결승에 안착했다. 하지만 전반 5분 만에 프랑스에 PK를 허용했다. 지단은 역시 스타플레이어였다. 월드컵 결승전 무대에서 도박이나 다름없는 파넨카 킥(힘을 빼고 슛을 가운데로 차는 킥)을 시도했다. 지단의 발끝을 떠난 공은 골대를 맞추고 골라인을 넘기며 아슬아슬하게 득점에 성공했다.

시작하자마자 일격을 당한 이탈리아는 호락호락하게 트로피를 내줄 생각이 없었다. PK를 헌납했던 마테라치가 코너킥 상황에서 헤더를 꽂아 넣으며 균형의 추를 맞췄다. 경기는 90분 내내 승자를 가리지 못했다. 세계 축구팬들은 지단의 마지막 경기를 30분 더 관람할 수 있게 됐다.

그러나 팬들의 바람과 달리 지단은 30분 이상 경기장에 머무르지 못했다. 동점골을 넣었던 마테라치가 갑자기 쓰러진 거다. 중계 카메라와 주심은 공을 쫓느라 상황을 보지 못했다. 지단을 중심으로 프랑스 선수와 이탈리아 선수들이 언쟁을 벌이고 있었다.

중계 카메라는 리플레이를 통해 어떤 일이 있었는지 리뷰했다. 지단과 마테라치의 모습이 담겼다. 마테라치가 지단의 유니폼을 잡아당겼다. 지단은 마테라치에게 웃으면서 무어라 말했다. 마테라치 역시 대답하며 지나가는 듯했다. 그런데 갑자기 지단이 마테라치의 가슴을 들이받았다. 이를 모두 지켜본 부심은 주심에게 지단의 박치기 상황을 전달했고, 지단은 그대로 레드카드를 받으며 퇴장당했다. 한순간에 주장을 잃은 프랑스는 승부차기에서 이탈리아에 5 대 3으로 패하며 결국 준우승에 머무르고 만다.

이렇게 지단은 은퇴 경기이자 월드컵 결승전에서 득점에 성공했으나 전대미문의 박치기 사건으로 퇴장당하며 자기 커리어를 마감했다.

지네딘 지단(1972~) 박치기 동상
지단이 마테라치에게 박치기를 시전하는 모습을 동상으로 제작했다. 사진은 네덜란드에서 촬영한 것이지만, 2022 카타르 월드컵 당시 카타르에도 설치됐다. 후일 마테라치가 인증샷을 찍어 화제가 되기도 했다.

지단의 박치기 사건 전말

지단은 결승전 이후 직접 사과하며 사건의 전말을 밝혔다. 지단은 마테라치가 자꾸 유니폼을 자꾸 잡아당기자 "그렇게 갖고 싶으면 경기가 끝나고 유니폼을 주겠다"라고 도발했다.

그런데 마테라치가 이에 대해 "네 셔츠보다는 창녀 누이가 났겠다"라고 응수해 버렸단다. 안 그래도 계속된 마테라치의 파울성 플레이에 화가 나 있던 지단은 이 말을 듣고 이성을 잃었고, 곧바로 박치기를 시전했다.

지단은 "경기를 지켜보았던 수백만 어린아이들에게 보이지 말아야 할 행동을 보였다"라며 자기 잘못을 인정하고 사과했다. 하지만 마테라치를 가격한 것에 대해 후회는 없다며, 마테라치에게 사과하느니 차라리 죽겠다는 입장을 밝혔다.

비록 퇴장당하고 우승 트로피를 목전에서 놓쳤지만 2006 독일 월드컵 최고의 선수는 누가 뭐래도 지단이었다. 대회 MVP 골든볼은 지단의 차지였다.

프랑스로 귀국하자 모든 프랑스 국민은 지단에게 아낌없이 박수를 보냈다. 프랑스의 대통령 역시 그의 은퇴를 직접 축하해 주었다. 이렇게 지단은 월드컵, 유로, 챔피언스리그를 모두 우승함과 동시에 월드컵, 유로, 챔피언스리그에서 모두 MVP를 차지하는 축구 역사상 전례 없는 커리어를 완성하며 은퇴할 수 있었다. 한 마디로 축구 선수로서 들어 올릴 수 있는 트로피는 모두 들어 올렸고, 발롱도르 1회와 FIFA 세계 올해의 선수상 3회를 차지하며 개인 커리어 역시 화려하게 끝낼 수 있었다.

Ep. 19

'티키타카'의 스페인, 세상을 집어삼키다

티키타카, 유럽을 정복하다

무적함대 스페인의 월드컵 성적은 어떨까? 2000년대 초반까지 우승은커녕 단 한 차례도 결승전에 진출하지 못했다. 심지어 4강도 단 한 차례에 불과했고, 매번 8강의 벽을 넘지 못했다. '무적함대'라는 별칭이 무색하게 침몰이 일상이었다. 2006 독일 월드컵에서도 초호화 스타들이 집결해 기대를 모았지만, 16강에서 짐을 쌌다.

루이스 아라고네스 감독은 변화를 선택했다. 그는 스페인 선수들이 피지컬보다는 기술이 뛰어나다는 것을 깨달았다. 최고의 미드필더 사비 에르난데스를 내세워 짧은 패스로 공을 소유하고 빠르게 전개하는 전술을 추구했다. 일명 '티키타카'가 국제 무대에

고개를 내민 순간이었다.

그리고 아라고네스 감독은 갖은 비난에도 불구하고 '스페인 축구의 상징' 라울 곤잘레스를 유로 2008 엔트리에서 제외하며 혁신을 도모했다. 그 결과 유로 2008에서 우승한다.

아라고네스 감독이 박수받으며 물러나자, 배턴을 이어받은 새 감독 비센테 델 보스케는 아라고네스 감독이 만든 팀의 뼈대를 유지하면서 부스케츠, 피케 등 젊은 선수들을 발탁하며 변화를 꾀했다.

이 티키타카 전술은 펩 과르디올라 감독의 바르셀로나가 트레블(리그+챔피언스리그+국내컵, 3개 대회 우승)을 달성하며 유럽을 집어삼키는 데 성공하며 그 효과를 입증했다.

델 보스케 감독 역시 아라고네스와 과르디올라가 완성한 짧은 패스를 중시하는 전술을 사용했다. 이제 스페인은 두려울 게 없었다. 월드컵 지역 예선에서 전승, 35경기 연속 무패를 달성하며 파죽지세의 기세를 이어갔다. 2010 남아프리카공화국(이하 남아공) 월드컵을 앞둔 이들은 명실상부 최강의 우승 후보였다.

아슬아슬한 스페인의 질주

'무적함대'라 자부한 스페인은 우승을 자신하며 호기롭게 2010 남아공 월드컵 첫 경기를 치른다. 그러나 스위스에 일격을 얻어맞

왔다. 지난 80년의 실패가 떠오르는 순간이었다. 하지만 스페인의 정신력은 이전 월드컵 때와 달랐다. 사비는 "팀의 경기력이 엉망이지 않았고 우리는 꽤 잘했다"라며 팀을 다독였다. 델 보스케 감독 역시 "남은 경기를 다 이기면 챔피언이 될 수 있다"라며 선수들을 독려했다.

그들의 말처럼 스페인은 본연의 강력한 모습을 되찾았다. 조별 리그 2경기에서 승리를 거둬 16강에 진출했다. 16강에서 이베리아 반도의 라이벌 포르투갈을 만났다. 포르투갈은 세계 최고의 선수 호날두를 앞세워 스페인 골문을 위협했다. 그러나 스페인은 주도권을 내주지 않았고 호날두를 집으로 돌려보냈다. 스페인은 파라과이까지 꺾으며 4강에 진출한다.

4강 상대는 유로 2008 결승전에서 스페인에게 우승컵을 넘겨준 독일이었다. 하지만 막상 뚜껑을 열어보니 스페인이 주도하는 경기였다. 수비적인 전술을 택한 덕분에 스페인은 맘껏 공격을 퍼부을 수 있었던 거다. 결국 사비의 코너킥을 푸욜이 강력한 헤더로 마무리하며 1대 0으로 승리를 거뒀다. 덕분에 스페인은 80년 만에 최초로 월드컵 결승 무대를 밟게 됐다.

반세기의 염원

스페인의 결승전 상대는 네덜란드였다. 스페인과 마찬가지로 네덜란드 역시 월드컵 역사상 단 한 차례도 우승 경험이 없는 국가였다. 크루이프 시대의 1974년과 1978년 두 차례 연이어 준우승을 거둔 게 최고 성적이었다.

대망의 2010 남아공 월드컵 결승전은 요하네스버그 사커 시티 스타디움에서 펼쳐졌다. 네덜란드는 주도권을 잃지 않고자 애썼다. 갖은 파울과 더티 플레이로 흐름을 끊었고, 도발까지 감행했다. 이는 어느 정도 효과를 볼 뻔했다. 스네이더의 환상적인 스루패스를 받은 아르연 로번이 1대 1 찬스를 맞이한 것이다.

하지만 카시야스가 가까스로 다리를 뻗어 실점을 막아냈다. 이어 로번은 한 번 더 비슷한 찬스를 만들었지만, 이번에도 카시야스의 정확한 판단이 팀을 구해냈다. 그렇게 승부는 연장전으로 흘러갔다. 90분 내내 스페인을 괴롭히기 위해 체력을 소진한 네덜란드는 서서히 밀리기 시작했다. 스페인은 기세를 몰아 네덜란드를 몰아붙이며 헤이팅아의 퇴장까지 만들어냈다. 계속해서 네덜란드를 압박한 스페인은 연장 116분 안드레스 이니에스타의 결정적인 한 방이 결승골로 이어지며 팀은 월드컵 우승 트로피를 차지한다. 반세기 동안 꿈꾸었던 모든 스페인 국민의 염원이 이루어지는 순간이었다.

2010 스페인 대표팀
우승 직후 비센테 델 보스케 감독이 월드컵 트로피를 들어올리고 있다. 델 보스케(1950~) 감독은 레알 마드리드와 스페인 대표팀을 이끌며 수많은 트로피를 차지한 명감독 중 하나다.

티키타카, 역사에 이름을 새기다

스페인은 유로 2008과 2010 남아공 월드컵, 그리고 유로 2012까지 우승을 차지하며 '메이저 3연패'라는 위업을 달성한다. 스페인의 이 같은 '무적함대'를 뽐낸 건 '티키타카'라는 압도적인 기술 축구 덕택이다.

비슷한 시기 FC 바르셀로나 역시 리오넬 메시라는 최고의 선수와 스페인 국가대표팀의 완벽한 조화로 유럽을 지배했다. 덕분에 2000

년대 후반과 2010년대 초반의 스페인 국가대표팀과 바르셀로나는 당대 최고를 넘어 역사상 가장 강한 팀 중 하나로 평가받는다.

유럽과 세계 축구를 지배했던 스페인이 몰락한 것은 2014 브라질 월드컵이었다. 2010 남아공 월드컵 결승 상대였던 네덜란드에게 1대 5로 대패하는 수모를 겪으며 조별리그에서 탈락하고 만다. 티키타카 시대의 종말을 예고하는 순간이었다.

이후 스페인은 유로 2016, 2018 러시아 월드컵, 유로 2020, 2022 카타르 월드컵에서 모두 우승과는 거리가 먼 팀으로 전락했다. 바르셀로나 역시 2014~15 트레블 이후 단 한 차례도 챔피언스리그 우승을 차지하지 못했다. 클럽 역시 티키타카와 다른 방향을 모색하기 시작했다.

그럼에도 스페인과 바르셀로나가 보여주었던 티키타카는 여전히 많은 축구팬의 가슴속에 남아있다. 그들이 보여준 패스워크는 기술 축구의 정점, 아니 그를 넘어 예술의 경지였기 때문이다. 이들의 위대한 업적과 퍼포먼스는 축구 역사에 길이길이 이름을 남길 것이다.

Ep. 20

'충격의 7대 1' 미네이랑의 비극, 'Again 1950?'

대회 시작, 아슬아슬한 삼바 군단

마라카낭의 비극을 기억하는가? 1950년, 브라질은 자국의 홈구장 마라카낭에서 우루과이에 패하며 월드컵 우승 트로피를 놓치고 만다. '승리는 따 놓은 당상!'이라고 외쳤던 브라질 국민은 충격에 휩싸였다. 자살, 심장마비, 난동 등 여러 사건 사고가 속출했다.

그리고 64년이 지난 2014년, 브라질이 개최지로 선정됐다. 브라질 사람들은 이번에야말로 자국에서 개최한 대회에서 월드컵 트로피를 들어 올려 마라카낭의 수치를 씻고자 했다.

알다시피, 브라질은 마라카낭에서 우승컵을 놓친 이후 무려 다섯 번의 우승을 차지했다. 최다 우승국의 영예도 갖고 있다. 그러나

2006과 2010 두 대회에서 우승은커녕 4강도 진출하지 못하는 굴욕을 맛보아야 했다.

아니나 다를까 브라질 대표팀은 개막전부터 영 별로였다. 과거의 화려한 공격력을 자랑하던 삼바축구의 모습도 찾기 어려웠다. '초신성' 네이마르를 제외하면 브라질 대표팀 명성에 걸맞는 공격수 역시 없었다. 브라질은 어렵게 4강에 진출한다.

그런데 팀의 중심인 티아구 실바가 경고 누적으로 4강전에 나설 수 없었다. 여기서 끝이 아니었다. 8강전 경기 후반 41분, 콜롬비아의 수니가가 브라질의 역습 상황에서 볼을 잡은 네이마르의 척추를 향해 '플라잉 니킥'을 날린 것이다. 네이마르는 눈물을 흘리며 곧바로 들것에 실려 나갔고, 척추 골절이라는 큰 부상을 입었다. 그렇게 브라질은 '차포'를 뗀 상황에서 독일 대표팀과 4강을 치르게 된다.

1-7, 충격적인 참혹한 패배

핵심 멤버 두 명을 잃었음에도 전문가들은 브라질과 독일의 접전을 예상했다.

그러나 상황은 예상을 빗나갔다. 경기 시작 13분 만에 브라질은 토마스 뮐러에게 선제골을 내준다. 티아구 실바를 대신해서 주장으로 나섰던 다비드 루이스가 코너킥 상황에서 동료와 부딪히는 바람에 뮐러를 완전히 놓친 것이다. 이어 클로제의 월드컵 통산 16번째 득점으로 이어졌다. 15골로 통산 득점 1위였던 호나우두의 브라질을 상대로 대기록을 달성했다. 이는 시작에 불과했다.

브라질은 흔들린 멘탈을 붙잡지 못했고 완전히 무너지기 시작했다. 순식간에 스코어가 5대 0을 기록했다. 월드컵 최다 우승국 브라질이 추락하는 순간이었다. 그 장소가 자신들의 안방이라 더욱 충격적이고 비극적이었다.

후반전이 시작되자 브라질은 개최국의 자존심을 되찾기 위해 적극적으로 공격을 시도했지만 독일의 수비는 단단했다. 수비를 제쳐도 골키퍼 마누엘 노이어의 아성에 모두 가로막혔다.

초반 기세에 다소 숨을 고르던 독일이 다시 주도권을 쥐었다. 이어 교체 투입된 안드레 쉬를레가 멀티골을 넣으며 점수 차를 7대 0까지 벌리게 된다. 후반 45분 오스카가 한 골을 만회했지만, 큰 의미가 있는 골은 아니었다. 그마저도 독일 수비진들이 집중하지 않았기 때문에 넣은 골로 보일 정도였다. 그렇게 브라질은 안방에서 7대 1로 패했다.

이번 대회를 통해 마라카낭의 비극을 기억에서 지우려 했던 브라질 국민은 월드컵 역사상 최악의 굴욕적인 패배로 마라카낭의 비극을 완전히 묻어버렸다.

브라질은 왜 충격적인 스코어로 대패했는가?

독일의 명단을 보면 브라질보다 훨씬 강력한 팀이라는 걸 부인할 사람은 없다. 독일이 브라질을 이긴 것은 이변이 아니다. 하지만 7대 1은 분명 예상치 못한 충격적인 점수다. 브라질은 대체 왜 이렇게까지 큰 점수 차로 패한 걸까?

당시 브라질의 사회적인 분위기가 압박감으로 작용했다는 평가가 많다. 경제적 부담 때문에 월드컵 개최 반대 시위까지 있었다. 이런 상황에서 개최할 바엔 반드시 우승해야 한다는 강박이 작용했다. 그리고 브라질이 어떤 나라인가? 그들에게 축구는 단순한 스포츠가 아니다. 축구에 목숨 거는 나라다. 브라질 선수들은 대회 기간 내내 '국민의 기대'라는 엄청난 압박을 받았다. 브라질의 국가가 울려 퍼질 때 그 분위기는 과히 압도적이었다. 선수들은 이러한 부담감을 안고 대회에 임했으며 결국 16강이 끝나고 심리 치료를 받아야 했다.

선수들은 이러한 부담과 압박을 끝내 견디지 못하고 무너졌다. 티아구 실바를 대신해 주장 완장을 달았던 브라질의 센터백 다비드 루이스는 선제골 상황에서 이성을 잃은 듯 보였다. 토마스 뮐러를 놓쳤다는 죄책감 때문인지 최후방 수비가 되레 공격적인 모습을 보였다. 다른 선수들도 마찬가지였다. 만회골을 넣기 위해 무리하게 공격적으로 나왔던 게 화를 부른 거다. 무너지는 이들에겐 정신적 지주 역할을 하던 티아구 실바도, 공격의 구심점이었던 네이마르도 없었다. 침몰하는 배에 선장도, 조타수도 없었던 셈이다.

후폭풍

당시 브라질에서 거주하던 한 친구의 말에 의하면 분위기가 정말 험악했다고 한다. 현지에 머물던 독일인들은 자신이 독일인임을 숨겨야 했을 정도였다. 브라질에서 전국적으로도 여러 사건 사고가 동시다발적으로 발생했으며, 브라질 마피아들이 네이마르의 척추에 니킥을 날렸던 수니가를 살해하겠다는 해프닝도 있었다.

멘탈이 나갈 대로 나갔던 브라질 대표팀은 3/4위 전에서도 네덜란드에게 3대 0으로 완패하며 자국에서 열린 월드컵을 처참하게 마무리했다. 안타깝게도 브라질에게 있어서 2014 월드컵은 마라카낭의 비극과 치욕을 씻기 위한 대회였지만, 그보다 더한 참혹한 굴욕을 맛본 대회로 기억되고야 말았다.

한편 2014 브라질 월드컵은 우루과이의 악동 수아레스가 이탈리아 수비수 키엘리니를 무는 사건이 일어난 대회로 기억되기로 한다.(141쪽 '수(手)아레스냐 드라큘라냐' 참조)

+ 수(手)아레스냐 드라큘라냐

"오, 오 또 또 물었나요!? 어, 어잇, 또 물었어요! 또 물었어요!"
_2014 브라질 월드컵 '우루과이 vs 이탈리아'를 중계하던 SBS 해설 위원 박문성

우루과이를 넘어 전 세계를 대표했던 전설적인 골잡이 루이스 수아레스. 그에게는 불명예스러운 별명이 2개나 있다. 수(手)아레스와 드라큘라. 2010년 남아공 월드컵 가나와 8강전. 연장 혈투 중 공이 가나 선수의 머리를 맞고 골문 방향으로 높게 떴다. 키퍼가 제대로 처리하지 못했고, 가나 선수가 발리슛을 시도했으나 수아레스가 다리를 겨우 움직여 막았다. 그런데 루즈 볼이 가나 선수의 완벽한 헤더로 이어졌고 그대로 득점으로 이어지는 듯했다. 이때 수아레스가 손으로 블로킹을 시도해 골을 막았다. 주심은 페널티킥을 선언하고는 수아레스에게 레드카드를 꺼내 들었다. 수아레스는 유니폼으로 얼굴을 감싸며 경기장을 쓸쓸히 빠져나갔다. 그런데 기적 같은 일이 발생했다. 키커 기안의 슈팅이 골포스트 상단을 맞고 벗어났고, 경기는 그대로 종료됐던 거다. 결국 우루과이는 승부차기 끝에 40년 만에 4강에 진출한다. 우루과이 4강행의 일등 공신은 신의 손을 보여준 '수(手)아레스'였다.

2014 브라질 월드컵. 조별 마지막 경기인 이탈리아전 후반 34분, 볼과 전혀 상관없는 곳에서 두 선수가 갑작스레 쓰러졌다. 이탈리아 수비수 키엘리니는 어깨를 부여잡고 있었고, 수아레스는 치아를 붙잡고 있었다. 그런데 리플레이 영상이 보여준 이들의 모습은 충격적이었다. 수아레스가 키엘리니의 어깨를 이빨로 깨문 것이다. 키엘리니는 억울함을 감추지 못하며 자기 옷을 젖혀 어깨를 심판에게 보여주었다. 수아레스는 뻔뻔스럽게 자기 치아를 부여잡으며 아픈척하는 할리우드를 보여주었다. 그래서 붙여진 별명이 '드러큘라'였다.

수아레스는 2022 카타르 월드컵 예선 마지막 경기에서 12년 전 자신의 '핸드볼 사건'으로 예선 탈락시켰던 가나를 또 만났다. 가나의 복수심이 하늘을 찔렀다. 하지만 수아레스는 팀의 선제골과 추가골을 모두 도왔다. 우루과이가 16강에 진출하는 듯

했다. 하지만 대한민국이 경기 종료 직전 포르투갈을 상대로 역전골을 넣었다. 시간도 없고 16강 진출 가능성이 없자, 가나는 수아레스의 우루과이의 16강 진출만은 막겠다며 시간 끌기를 시작한다. 결국 대한민국이 16강에 진출했다. 카메라는 벤치에서 망연자실한 표정을 짓는 수아레스의 얼굴을 잡았다. 그렇게 수아레스의 마지막 월드컵은 끝이 났다.

루이스 수아레스(1987~)
루이스 수아레스는 실력 역시 최고였지만, 그의 기행 역시 혀를 내두를 정도로 많은 화제를 불러일으켰다.

Ep. 21

카잔의 기적, 전차군단의 몰락

월드컵 역사상 가장 위대한 국가

"축구는 단순한 게임이다. 22명의 선수가 공을 쫓고 90분이 지나면, 독일이 항상 이긴다."

1990 이탈리아 월드컵에서 마테우스의 서독이 월드컵 우승을 한 직후 리네커가 남긴 말이다. 그는 1986 멕시코 월드컵 득점왕이자 BBC 스포츠 방송인으로 활동하고 있다.

마라도나의 아르헨티나를 누르고 우승을 차지한 독일은 그 이후 월드컵 트로피와는 인연이 없었다. 다섯 번의 대회를 치르면서 최고 성적은 2002 한일 월드컵 준우승이었다.

그러나 2014년에는 달랐다. 예선과 8강전을 그럭저럭 치러낸 독일은 4강전에서는 홈팀 브라질을 무려 7대 1로 이겼다.

그리고 결승전, 독일은 리오넬 메시가 이끄는 아르헨티나를 상대로 연장 접전 끝에 마리오 괴체의 결승골에 힘입어 우승을 차지한다. 독일은 24년 만의 우승이자 통산 네 번째 우승 트로피를 차지하게 된다. 이때 게리 리네커는 또다시 명언을 남긴다.

"(중략) 가장 흥미진진했던 월드컵은 64경기에서 171골이 터졌습니다. (결승전에서는) 20여 명이 120분간 공을 찼고, 결국엔, 정말 말해야 하나요? 독일이 우승을 차지했습니다."

독일은 1954 스위스 월드컵 우승 이래 모든 대회에서 조별리그를 통과, 준결승 12회, 결승전 7회를 치렀다. 2014년, 마침내 네 번째 우승을 차지하면서 독일 대표팀은 명실상부 월드컵 역사상 최강 국가로 자리매김하게 된다.

독일 축구 역사에서 특출난 슈퍼스타라고 불릴만한 선수는 많지 않다. 베켄바워가 확실할 뿐이다. 독일은 슈퍼스타에 의존하기보다는 팀 전체가 고루 강한, 탄탄한 조직력을 바탕으로 플레이한다. 이는 독일이 축구 강국 중 최고가 될 수 있었던 비결이다.

흔들리는 전차군단

독일 대표팀은 유로 2016 4강, 2017 컨페더레이션스컵 우승을 차지하며 강팀이라는 사실을 계속해서 증명했다. 6연속 메이저 대회(월드컵+유로) 4강 진출이란 위업을 달성하기도 했다. 아무도 독일이 최강팀 중 하나라는 것을 부인하지 않았다.

2018 러시아 월드컵 본선 상대도 무난했다. 멕시코, 스웨덴, 대한민국과 한 조에 편성되었다. 독일은 너무나 당연하게도 2018 러시아 월드컵의 우승 후보였다.

그러나 막상 뚜껑을 열어보니 실망스럽기 짝이 없었다. 우리가 알던 독일이 아니었다. 조별리그 첫 경기에서 시종일관 무기력한 모습을 보여주면서 멕시코에 0대 1로 패했다.

이어진 스웨덴전도 마찬가지였다. 또다시 선제골을 내주면서 좋지 않은 분위기가 이어졌다. 이대로 패하면 탈락이 확실시되는 상황이었다. 다행히 후반 시작 직후 마르코 로이스의 동점골, 경기 종료 직전 토니 크로스가 극적인 프리킥 역전골을 넣으며 승점 3점을 챙겼다. 이때까지만 해도 독일의 16강 진출 가능성은 높은 편이었다. 왜냐하면 조별리그 마지막 상대가 2패를 기록한 대한민국이었기 때문이다.

이변의 희생양

그때까지 한국 대표팀은 졸전 끝에 2패를 기록하고 있었다. 독일도 부진했다곤 하지만 이름값에 비해 아쉬운 경기력이었을 뿐 한국과 비교할 정도로 나쁜 것은 아니었다. 다만, 독일 대표팀 역시 F조의 복잡한 경우의 수 때문에 사력을 다해야 했다. 한국을 이길지라도 스웨덴과 멕시코의 경기 결과에 따라 골 득실이 밀려 탈락할 수도 있었기 때문이다. 독일은 무조건 승리, 그것도 '대승'이 필요했다.

독일 대표팀은 한국과 운명의 3차전을 맞았다. 그러나 예상이 빗나갔다. 한국 대표팀을 뚫기가 쉽지 않았다. 골키퍼 조현우는 야신을 방불케 하는 선방쇼를 보여주었다. 그러던 중 스웨덴이 멕시코를 상대로 선제골을 넣었다. 그렇게 되면 멕시코와 스웨덴 두 국가 모두 2승 1패가 되기에 독일은 한국을 이기지 못하면 탈락하는 상황. 독일 선수들은 더욱 조급해지기 시작했다. 그만큼 세밀함은 떨어졌다.

주어진 90분이 모두 흘러 종료 휘슬이 울리기 직전, 한국이 코너킥을 얻었다. 손흥민이 낮게 깔아 찼고, 공은 수비수 김영권에게 흘렀다. 김영권은 이를 침착하게 마무리했다. 오프사이드가 선언됐으나 VAR 판독 끝에 득점으로 인정됐다.

독일은 남은 시간 골을 넣기 위해 총력을 다했다. 골키퍼 노이

무너진 전차군단
한국의 득점 직후 독일의 스트라이커 마리오 고메즈(1985~)를 뒤로하고 한국 선수들이 기뻐하고 있다.

어깨까지 하프라인을 넘어 공격에 가담했다. 노이어는 주세종에게 볼을 빼앗겼고 주세종은 공을 전방으로 멀리 찬다. 그런데 웬걸? 붉은 유니폼을 입은 한 선수가 전력 질주를 하고 있었다. 바로 대한민국의 에이스 손흥민이었다. 그는 빈 골대에 공을 밀어 넣었다. 그렇게 경기는 2대 0으로 끝났고, 독일은 1938년 이후 무려 80년 만에 1라운드에서 탈락하고 만다.

무너진 독일 축구

독일의 탈락은 전 세계적으로 큰 충격이었다. 독일의 조별리그 탈락? 그것도 꼴찌로? 전 세계 많은 언론이 독일의 탈락 소식을 대서특필했다. 더불어 그동안 본인의 실력을 믿고 함부로 입방정을 떨었던 독일 축구인들 덕분에 극심한 조롱에 시달리기도 했다. 특히, 1966 잉글랜드 월드컵 이후로 독일과 라이벌리를 형성하고 있는 잉글랜드는 크게 기뻐했다. 그리고 늘 독일을 인정하던 리네커는 이런 말을 남겼다.

"축구는 단순한 게임이다. 90분 동안 22명이 공을 쫓는데, 독일이 더 이상 늘 이기지 않는다. 예전 버전은 역사로서 봉인되었다."

이 경기의 여파는 독일 축구의 암흑기로 이어졌다. 네이션스 리그에서 2무 2패로 강등을 당했고, 유로 2020에서도 라이벌 잉글랜드에게 2대 0으로 패하면서 16강 무대에서 일찍이 짐을 싸야 했다. 2022 카타르 월드컵에서 일본에 패하면서 2연속 조별리그 탈락을 맛보아야 했다. 리네커는 세 대회 연속으로 자신의 명언을 바꿔야 했다.

"축구는 단순한 게임이다. 90분 동안 22명이 공을 쫓는데, 결국에 항상 독일인이 이긴다. 만약 조별 예선을 뚫는다면."

나는 2022 카타르 월드컵 직전까지만 하더라도 월드컵 역사상 가장 위대한 나라를 고르라면 주저 없이 독일을 골랐을 것이다. 하지만 이젠 아니다. 두 대회에서 연속으로 굴욕적인 모습을 보이지 않았는가. 망가질 대로 망가진 독일 축구 2026 북중미 월드컵에서 본래의 모습을 되찾을 수 있을까?

Ep. 22

음바페,
축구 황제의 재림

골든보이

2016~17 UEFA 챔피언스리그 16강전, AS 모나코 유니폼을 입은 무명 선수가 당대 최고의 명장 과르디올라 감독의 맨체스터시티를 상대로 챔피언스리그 무대 데뷔골을 터뜨린다. 번개 같은 속도로 공을 잡은 후 침착하게 마무리한 그 이름, 바로 킬리안 음바페였다.

카타르 자본이 인수한 파리 생제르맹이 지배하고 있었던 2016~17 프랑스 리그에서 AS 모나코가 리그 우승과 챔피언스리그 4강이라는 위업을 달성하며 돌풍을 일으키고 있었다. 신성 음바페에 힘입은 바가 크다. 프랑스 축구팬들에게 새로운 슈퍼스타의 등장을 알렸다.

AS 모나코에서 보여준 음바페의 활약은 정말 대단했다. 시즌 44경기 26골 11도움. 막 프로에 데뷔한 십 대 선수라고는 믿을 수 없는 기록이었다. 게다가 챔피언스리그 토너먼트 6경기 6골, 센세이셔널한 등장이 아닐 수 없었다.

세간에서는 음바페가 메시, 호날두의 십 대 시절보다 활약상이 뛰어나다며 그들의 후계자가 되리라 말할 정도였다. 유럽 최고의 유망주에게 주어지는 골든보이 역시 음바페의 차지였다. 자연스레 2017~18시즌을 앞두고 유럽 빅클럽의 큰 관심을 받았다. 경쟁의 승자는 파리생제르망_{PSG}이었다. 파리 생제르맹의 유럽 정복 프로젝트 일원으로 낙점된 것이다. 그의 이적료는 무려 1억 8천만 유로, 당시 한화로 2,200억 원에 달하는 천문학적인 금액이었다.

NO.10 음바페

챔스와 리그를 가리지 않고 맹활약을 펼친 음바페는 데샹 감독의 부름을 받아 레블뢰_{프랑스 대표팀}의 일원으로 합류한다. 이후 꾸준히 좋은 활약을 보여준 음바페는 프랑스 국가대표팀에서도 핵심 멤버로 자리 잡게 된다.

당당히 2018 러시아 월드컵에 참가하게 된 음바페는 등번호 10번을 배정받는다. 프랑스 대표팀에서 10번이 주는 무게감은 상당하다. 80년대 발롱도르 3연패를 이룬 플라티니와 레블뢰, 역대 최고의 프랑스 선수 지네딘 지단이 사용한 백넘버였기 때문이다. 당시 음바페를 향한 기대감이 얼마나 컸는지 알 수 있는 대목이다. 그리고 음바페는 그 기대에 120% 부응했다.

조별리그 때부터 음바페는 좋은 활약을 보였다. 첫 경기 호주전에 선발 출전한 음바페는 스피드를 이용한 뒷공간 침투로 상대 골문을 위협했다. 개인기와 동료들과의 연계 모두 뛰어났다. 나이에 걸맞지 않은 침착함도 돋보였다.

이어지는 두 번째 경기 페루전에서 많은 축구팬이 기다리던 월드컵 데뷔골을 터뜨렸다. 올리비에 지루의 슈팅을 상대 골키퍼가 막았으나 뒤로 굴절된 볼을 음바페가 그대로 밀어 넣었다. 2승을 확정 지은 프랑스는 두 경기에서 풀타임을 소화한 음바페에게 휴식 차원에서 선발 라인업에서 제외했다. 후반 교체 투입되어 15분 정도를 소화했지만, 활약을 보여주기에는 시간이 부족했다. 그렇게 컨디션을 관리한 음바페와 레블뢰 군단의 다음 상대는 리오넬 메시가 이끄는 아르헨티나였다.

축구의 신을 집으로 돌려보낸 초신성

아르헨티나는 조별리그에서 월드컵 첫 출전인 아이슬란드와 비졌다. 크로아티아에 3대 0으로 패했다. 마지막 경기에서 나이지리아에 극적 승리를 거두며 간신히 조 2위로 16강에 진출한 상태였다.

메시는 부진해 언론의 집중포화를 맞았지만, 마지막 경기에서 득점을 터뜨리며 자기 능력을 증명해 보였다. 아르헨티나가 프랑스를 꺾는다면 8강 상대는 호날두가 이끄는 포르투갈일 수도 있어서 팬들은 월드컵 무대에서 메시와 호날두의 맞대결을 기대하기도 했다.

하지만 월드컵 무대에 완벽히 적응한 음바페는 물을 만난 물고기였다. 경기 초반부터 상대 수비진을 휘저었고, 60m 장거리 단독 드리블 돌파로 PK를 얻어낸다. 후반 중반까지 2대 2의 점수에서 승부를 결정지은 건 음바페였다. 혼전 상황에서 자기 장기인 침착한 볼 컨트롤을 이용해 역전골을 넣으며 팀의 리드를 안겨주었다. 곧이어 역습 상황에서 지루의 패스를 받은 음바페는 깔끔한 마무리를 선보이며 팀의 리드를 4대 2까지 벌렸다. 아르헨티나가 만회골을 넣었지만, 이미 승부의 추는 프랑스를 향해 있었다.

이 경기는 음바페에게 기념비적이었다. 최고의 슈퍼스타 메시 앞에서 대단한 퍼포먼스를 선보였던 거다. 축구의 신 메시를 집으로 돌려보낸 음바페는 엄청난 극찬을 받았다. 십 대 때 월드컵에서 무시무시한 활약을 펼쳤던 펠레에 비견하기도 했다. 새로운 축구 스타가 전 세계에 이름을 떨친 순간이었다.

영악한 천재

이후 프랑스는 8강전에서 호날두의 포르투갈을 꺾고 올라온 우루과이를 만난다. 음바페는 공격포인트를 기록하지 못했지만, 팀의 2대 0 승리에 기여했다.

그런데 논란이 있었다. 음바페는 동료에게 볼을 넘기고 움직이던 도중 우루과이 수비와 부딪혔다. 그런데 상체를 살짝 부딪혔는데 갑자기 얼굴을 부여잡고 경기장에 드러누운 것이다. 할리우드 액션에 격분한 우루과이 선수들은 일제히 음바페에게 달려들었고, 양 팀 선수들이 충돌하는 사태가 벌어졌다. 시간을 끌려던 의도였지만, 너무 티 나는 할리우드 액션이 적나라하게 화면에 잡혀 축구 팬들의 비난을 받을 수밖에 없었다.

음바페는 준결승 벨기에전에서는 한층 더 영악해졌다. 이날 역시 선발 출전하여 팀의 1대 0 승리에 공헌했다. 프랑스 팬들의 커다란 환호를 받았지만, 음바페는 이번에도 시간을 끄는 행위로 축구 팬들의 눈살을 찌푸리게 만들었다.

경기 종료 직전, 음바페는 드로잉을 하지 않고 코너 플래그에서 손으로 드리블했다. 초조한 벨기에 선수들이 흥분하여 음바페를 밀치기 시작했다. 후반 추가시간에 일어난 일이라 예민하게 반응할 수밖에 없었다. 음바페의 시간 끌기는 고도의 전략이었다. 8강전에서 할리우드 액션으로 옐로카드를 받았지만 4강전 이후는 경고 누

트로피를 거머 쥔 음바페
킬리안 음바페(1998~)가
월드컵 우승 직후 기념 촬영에 응하고 있다.

적이 초기화되는 규칙을 교묘히 이용한 것이다. 영악했으나 팬들의 비난으로부터는 자유롭지 못했다.

대망의 결승전 상대는 발칸반도의 기적을 선보이던 크로아티아였다. 하지만 연장전 승부를 세 차례 연속 치르고 올라온 크로아티아는 남은 에너지가 많지 않았다. 음바페는 경기 내내 자신의 장점을 살려 크로아티아의 수비를 흔들었고, 끝내 환상적인 중거리 슛으로 팀의 승리를 확정 지으며 세계 챔피언에 등극했다.

음바페의 우상 호날두도 이루지 못한 월드컵 우승 트로피를 십대 때 차지한 음바페가 차기 축구 황제 자리를 예약하는 순간이었다.

Ep. 23

고개 숙인
'축구의 신' 메시

성장하는 소년

리오넬 메시. 무슨 말이 필요할까? 한 해 최고의 선수에게 주어지는 최고의 트로피 발롱도르를 무려 8번이나 차지한 선수. FIFA 올해의 선수, UEFA 올해의 선수, 월드베스트 11, 유러피언 골든 슈…. 수상 경력은 사실 덤이다. 경이로운 플레이로 팬들을 사로잡았다.

그렇다면 국가대표 선수 메시는 어땠을까? 순탄치 않았다. 만 19세의 나이로 2006 독일 월드컵에 출전했으나 벤치 신세를 면치 못했다. 그럼에도 세르비아 몬테네그로를 상대로 교체 투입되면서 1골 1도움을 기록하며 자신의 등장을 세계인에게 알렸다.

하지만 8강에서 독일에 패해 일찍 짐을 쌌다. 이듬해 참가한 '남미 대륙 대항전' 2007 코파 아메리카에서 브라질 벽을 넘지 못했다. 그럼에도 그는 자기 존재감을 각인시킬 수 있었다.

2008 베이징 올림픽에서 금메달을 차지한 메시는 2008~09시즌 바르셀로나의 트레블을 이끌며 마침내 세계 최고의 선수로 거듭난다.

그러자 팬들은 진정한 마라도나의 후계자가 나타났다며 메시의 2010 남아공 월드컵 도전을 기대했다.

메시는 감독 마라도나와 함께 월드컵 트로피 사냥에 나섰다. 하지만 마라도나의 감독 역량은 선수 시절 명성과 달리 형편없었다. 결국 8강에서 독일에 4대 0으로 완패하는 굴욕을 겪으며 월드컵 무대를 떠나야 했다. 메시 역시 대회에서 단 한 골도 넣지 못해 비난의 화살을 마냥 피할 수 없었다. 특히, 아르헨티나 국민은 소속팀에서와 달리 대표팀에서 부진한 메시에게 비난을 퍼부었다.

무릎 꿇은 메시

4년이 흘러 2014 브라질 월드컵이 코앞으로 다가왔다. 메시는 예전과 달리 대단한 위상을 가진 선수로 거듭나 있었다. 2011 코파 아메리카 8강에서 탈락했으나 발롱도르 4연패(2009~2012), 2011~12

좌절하는 리오넬 메시(1987~)
월드컵 우승 트로피를 독일에 내준 후 고개를 떨구며 머리를 만지며 좌절하고 있는 메시다.
많은 축구 팬의 마음을 아프게 한 장면이다.

시즌 73골, 2012년 한 해 91골 등 수많은 업적을 세웠다.

또 메시는 호날두와 라이벌리를 이루며 세계 축구 산업 흥행을 책임지고 있었다. 나아가 아르헨티나의 캡틴으로서 활약하는 등 축구는 곧 메시라고 불릴 정도로 대단한 위상을 자랑했다. 그렇게 2014년 메시는 주장 완장을 찬 채 브라질로 향했다.

하지만 이번에도 하늘은 메시의 간절한 염원을 외면했다. 메시는 4골 3도움을 기록하며 팀을 결승으로 이끌었지만, 결승 연장 승부 끝에 독일에 패하며 우승 목전에서 트로피를 놓치고 말았다.

메시는 활약을 인정받아 대회 MVP 골든볼 트로피를 수상했다.

그러나 메시는 "골든볼은 아무 의미 없다"며 "우승해서 아르헨티나 국민에게 행복을 가져다줄 수 있었지만 그러지 못했다"고 말하며 조국 팬들에게 미안함을 표했다.

충격의 국가대표 은퇴, 그리고 복귀

메시의 시련은 여기서 끝이 아니었다. 2015 코파 아메리카, 2016 코파 아메리카 센테나리오(100주년 대회)에서 연이어 준우승을 차지한 것이다. 두 대회 모두 MVP 수준의 활약을 보여줬지만, 결승 무대에서 번번이 좌절했다. 심지어 2016년에는 승부차기에서 부담감을 이기지 못해 실축하는 모습을 보였다. 결국 메시는 멘탈이 무너졌고 아래와 같은 말을 남기며 은퇴를 선언했다.

"누구보다 국가대표팀에서 우승하고 싶었습니다. 4번의 결승전을 치르며 할 수 있는 모든 걸 다했지만, 우승하지 못했습니다. 이젠 지쳤습니다. 국가대표로 뛰는 일은 없을 겁니다."

메시의 국대 은퇴 선언에 모든 축구계 인사들은 위로의 메시지를 보냈다. 마라도나는 물론 그의 라이벌인 호날두마저 메시가 돌아오기를 바란다고 말할 정도였다. 특히 아르헨티나 국민들은 "No

Te vayas, Lio(가지마, 레오)"라는 문구를 공항, 기찻길, 도로 등에 표시하는 캠페인을 벌이기도 했다. 나아가 대통령까지 나서 메시가 은퇴를 번복하길 간절히 바랐다. 결국 메시는 마음을 바꾸었고 다시 대표팀으로 돌아온다.

그러나 메시의 시련은 끝이 없었다. 소속팀에서는 물론이거니와, 음바페 편에서 보았듯 2018 러시아 월드컵에서도 부진한 모습을 보여 '국제 대회 무관'의 오명을 벗지 못했다.

그러자 악성 축구팬들은 메시를 두고 "결정적인 경기에 약하다", "호날두와 달리 팀이 위기에 빠지면 아무것도 하지 못한다", "리더십이 부족하다"며 비난했다.

2019 코파 아메리카에서도 이름값보다 떨어지는 활약 끝에 준결승에서 탈락했고, 인터뷰에서 "브라질을 위한 대회"라고 말하며 큰 비판을 받기도 했다.

첫 국제 대회 우승

오랜 시간 선수 생활을 하며 수많은 트로피를 거머쥐었지만, 메시는 여전히 국가대표에서 우승 트로피는 단 한 개도 없었다. 메시의 아들이 한 영상을 보고 "왜 아빠를 비난하는 거예요?"라고 물었다고 한다. 이유는 오직 단 하나, 바로 국가대표 타이틀이 없기 때문이었다. 아들의 질문에 메시는 반드시 아르헨티나를 위해 무언가를 이루겠다고 다짐했다.

2021년, 코파 아메리카가 다시 찾아왔다. 메시의 여섯 번째 코파 아메리카 도전이었다. 2007년 첫 도전 때 막내였던 메시는 팀 내 최고참이 됐다.

주목할 점은 어릴 적 메시의 플레이를 보고 자란 꿈나무들이 대표팀에 합류했다는 것이다. 메시를 유년 시절의 우상으로 섬겼던 젊은 선수들은 반드시 메시에게 우승컵을 선사하겠다는 일념으로 똘똘 뭉쳤다. 더불어 리오넬 스칼로니라는 뛰어난 역량을 지닌 감독의 지휘 아래 메시는 대활약을 펼치게 된다.

6경기 4골 5도움, 메시는 그야말로 '하드 캐리^{hard carry, 스타플레이어가 팀을 승리로 이끄는 일}'가 무엇인지 온 천하에 보여준다. 충성스러운 동료들이 뒤를 받쳐준 덕분에 대활약을 보여준 메시는 팀을 결승으로 이끈다. 결승 상대는 개최국이자 디펜딩 챔피언 브라질이었다. 그리고 절친 디 마리아의 득점에 힘입어 1대 0 승리를 거두며 마침내 대망의 국제 메이저 대회 트로피를 차지한다.

지금까지 국제 대회 우승 기회를 수 차례 놓쳤던 메시는 전성기가 다 지난 30대 중반이 되어서야 우승을 차지했다. 참으로 잔혹했던 메시의 국가대표 커리어에 한 줄기 빛이 내리는 영광과 기쁨의 순간이었다.

Ep. 24

축구의 '메시'아, 정점에 오르다

Where is Messi?

"그 녀석은 우리에게 최고의 선수가 아니다. 모든 아르헨티나인은 마라도나와 함께 울었다. 그러나 그 녀석과는 함께 운 적이 없다. 그 녀석은 바르셀로나에서만 잘하는 애국심 없는 선수다."

메시를 비판하는 아르헨티나 국민 말이다. 당시 메시는 리그 우승 11회(라리가 10회, 리그앙 1회), UEFA 챔피언스리그 우승 4회, 모든 축구 선수의 꿈 '발롱도르' 7회 등 축구 선수로서 이룰 수 있는 모든 영광을 거머쥐었다. 이제 메시에게 남은 과제는 바로 단 하나, 월드컵 트로피뿐이었다.

2022 카타르 월드컵 직전, 메시의 나이 35세였다. 긴 머리를 휘날리며 혜성처럼 등장한 소년은 어느새 덥수룩한 수염을 가진 노장이 되어있었다. 메시와 아르헨티나 대표팀은 우승을 다짐하며 카타르 도하로 향했다.

아르헨티나는 남미 챔피언과 유럽 챔피언이 맞붙는 '피날리시마 2022'에서 유로 2020 우승국 이탈리아를 3대 0으로 완파했었다. A매치 35경기 연속 무패를 기록하고 있었다.

아르헨티나는 폴란드, 멕시코, 사우디아라비아와 한 조에 편성되었다. 비교적 무난한 조 편성에 조 1위를 차지하리라는 예측이 지배적이었다. 그런데 이게 웬걸? 아르헨티나는 조별리그 첫 경기에서 대회 최약체로 평가받던 사우디아라비아에게 2대 1로 패하고 만다. 축구팬들은 충격과 경악을 금치 못했다.

메시를 조롱하는 챈트까지 등장했다. 한 사우디 팬은 보도 중인 MBC 기자의 마이크를 가로채며 "Excuse me, Where is Messi? Where is Messi?"라고 말했다. 이는 순식간에 퍼져 많은 카타르 월드컵을 상징하는 밈Meme이 되었다.

그러나 아르헨티나 스칼로니 감독은 침착했다. "월드컵에서 언제든 이런 일이 발생할 수 있다. 2차전에서 달라진 모습을 보여주면 된다"고 말하며 팀의 분위기를 다잡았다.

Leo Messi, "I'm here"

아르헨티나는 멕시코와의 전반전을 0대 0으로 끝냈다. 최악의 졸전이었다. 메시는 물론이거니와, 모든 아르헨티나 선수들을 무기력했다. 메시의 팬들은 공포에 사로잡혔다. 패배는 곧 월드컵 도전의 종말을 의미했다.

결국 메시는 스스로 이 위기를 극복해야 했다. 그리고 스스로 해결하는 데 성공했다. 후반 18분, 디 마리아의 패스를 받은 메시는 번개 같은 중거리 슛을 날렸다. 공은 골대 구석으로 빨려 들어갔다. 그토록 기다리던 선제골이 메시의 발끝에서 터진 것이다. 메시는 웃음기 없는 강렬한 포효를 선보였다. 전광판에서 아르헨티나의 점수가 1로 표시된 순간이 돼서야 미소를 띠며 관중들에게 손을 흔들었다. 기세가 오른 아르헨티나는 추가골을 만들며 2대 0, 카타르 월드컵 첫 승리를 챙겼다.

폴란드전에서 메시는 PK를 실축했으나 여전히 훌륭한 드리블링과 아름다운 패스로 팀 승리에 기여했다 아르헨티나는 폴란드를 꺾고 2승 1패, C조 1위로 토너먼트에 진출했다. 아르헨티나는 메시의 커리어 통산 1,000번째 경기인 호주와 16강에서 2대 1로 신승했고, 네덜란드와 8강전에서 승부차기로 이겼다. 메시는 16강, 8강전에서 모두 득점을 기록했다. 그동안 꼬리표처럼 따라붙었던 '월드컵 토너먼트 무득점' 타이틀을 떼어내는 순간이었다.

역대 최고를 향해

4강전에서 아르헨티나는 모드리치가 이끄는 크로아티아를 만났다. 러시아 월드컵에서 아르헨티나에 3대 0 패배를 안긴 팀이다. 메시는 수모를 갚을 절호의 기회를 맞았다.

물론 우승 후보 0순위였던 브라질을 꺾고 올라온 크로아티아의 기세는 역시 만만치 않았다. 그러나 크로아티아는 아르헨티나의 적수가 되지 못했다. 3대0으로 무릎을 꿇었다.

이날 경기의 백미는 메시가 절묘한 바디 페인팅으로 2022 카타르 월드컵 최고의 수비수라 불린 그바르디올의 중심을 무너뜨리고 어시스트를 기록하는 장면이었다. 35세의 노장 선수라고는 믿을 수 없는 장면이었다. 팬들은 메시의 전성기와 버금가는 순간이라며 칭송했다.

그렇게 아르헨티나는 8년 만에 다시 결승에 진출했다. 아르헨티나와 메시의 마지막 상대는 디펜딩 챔피언 프랑스였다.

아르헨티나 입장에서 프랑스는 그리 달가운 상대는 아니었다. 2018 러시아 월드컵 16강전에서 패했던 기억 때문이다. 특히, 그날 음바페는 메시가 지켜보는 가운데 대단한 퍼포먼스를 선보였기에 더욱 그랬다. 팬들은 그 경기를 두고 대관식이라고 칭했다. 메시의 뒤를 이어 음바페가 축구 황제에 등극했다고 말한 것이다.

하지만 메시는 4년이 지났음에도 여전히 최고의 선수였다. 물론 음바페 역시 4년간 유럽 전체를 대표하는 스타로 성장했다. 이번 월드컵에서도 5골을 넣으며 메시와 득점 선두 자리를 나란히 할 정도였다. 리오넬 메시의 마지막 염원, 음바페의 새 시대 개막, 사람들은 이번에야말로 세대를 대표하는 두 스타의 마지막 대결이라며 큰 관심을 모았다.

더 무비 : 월드컵 파이널 (The Movie: World Cup Final)

축구의 신 리오넬 메시의 마지막 월드컵 경기가 카타르 도하의 루사일 스타디움에서 시작됐다. 경기 초반 아르헨티나는 공세를 펼치며 득점을 노렸다. 그 중심에는 메시의 절친 중 앙헬 디 마리아가 있었다.

결승전 깜짝 선발 출전한 디 마리아는 인상적인 활약을 보여주었고 기어이 페널티킥을 만들어냈다. 메시가 PK를 깔끔하게 마무리했고, 그는 월드컵 토너먼트 모든 경기에서 득점을 기록한 최초의 선수가 됐다.

이게 끝이 아니었다. 메시의 원터치 패스를 기점으로 역습을 전개한 아르헨티나는 추가골을 만들어 낸다. 득점의 주인공은 디 마리아였다. 2014 브라질 월드컵 당시 부상으로 결승에 출전하지 못했던 디 마리아는 카타르 월드컵에서 1골 1PK 유도를 기록하면서

8년 전 흘렸던 슬픔과 회한의 눈물 대신 기쁨의 눈물을 쏟으며 훨훨 날았다.

아르헨티나는 메시와 디 마리아 등 미드필더진과 공격진의 활약에 힘입어 프랑스를 압도하며 손쉽게 우승을 차지하는가 싶었다. 그러나 반전이 기다리고 있었다. 디 마리아가 교체된 이후 분위기가 이상해지기 시작했다. 프랑스는 지루, 그리즈만 등 베테랑 대신 젊은 선수를 대거 투입하며 분위기 전환을 노렸다. 이에 교체 투입된 콜로 무아니가 PK를 획득했고, 키커로 나선 음바페가 마무리하며 추격에 나선다.

후반 34분, 득점한 지 1분이 조금 지나서 음바페가 환상적인 발리슛을 날리며 동점을 만든 것이다. 후반 33분까지 굳건하게 리드를 지켰던 아르헨티나는 순식간에 두 골을 내주며 동점을 허용했다. 많은 축구 팬은 "이게 축구다!"라며 열광했다. 각본 없는 드라마였다. 그리고 이들을 들썩이게 만든 이는 바로 '차세대 축구황제' 킬리안 음바페였다.

결국 경기는 90분 동안 승부를 내지 못했고, 연장전까지 이어졌다. 연장전 107분 메시가 회심의 발리슛을 날렸으나 프랑스 GK 요리스의 선방에 막혔다. 하지만 운명의 신은 메시에게 향했다. 아르헨티나 라우타로의 슈팅을 요리스가 막았으나 그 공은 메시의 발 앞으로 흘렀던 거다. 메시는 머뭇거림 없이 오른발로 슈팅을 날렸다. 수비가 걷어내며 막힌 듯했다. 하지만 공은 골라인이 넘었다.

프랑스 역시 쉽게 물러날 생각이 없었다. 세트피스 상황에서 음바페의 슈팅이 아르헨티나 수비수 팔에 맞았다. 페널티킥이 선언됐다. 음바페는 세 번째 골을 넣으며 승부의 균형을 다시 맞추었다. 월드컵 트로피의 주인은 승부차기를 통해 가리게 됐다.

메시는 또다시 1번 키커로 나섰다. 침착하게 마무리했다. 메시로서는 월드컵 우승을 위해 할 수 있는 모든 걸 다했다. 멀티골과 함께 공격의 기점 역할을 하며 최고의 활약을 보여주었다. 비단 이 경기뿐만 아니라 월드컵 내내 메시는 믿을 수 없는 퍼포먼스를 선보였다. 남은 것은 신의 결정이었다. 그리고 신은 메시가 월드컵에 첫발을 내디딘 지 16년 만에 그의 손을 맞잡아 주었다. 프랑스의 선수들이 잇따라 실축했다. 아르헨티나는 36년 만에 마라도나의 영광 이후 첫 월드컵 우승을 차지하게 된다. 아르헨티나 통산 세 번째 월드컵 우승이었다.

영화보다 더 영화 같은 사나이

메시는 결승전 직후 월드컵 트로피를 들어 올리며 마침내 축구 역사상 최고의 선수로 거듭났다. 그동안 자신을 짓눌렀던 '국가대표팀 우승'과 '월드컵 활약 미진'과 같은 꼬리표는 싹 지웠다. 메시

리오넬 메시(1987~)
2022 카타르 월드컵 당시
리오넬 메시의 모습으로 해당 대회를 통해
메시는 진정한 축구 GOAT로 인정을 받게 된다.

의 이번 활약은 1986 멕시코 월드컵 마라도나의 버금가는 활약이었다.

메시의 2022 카타르 월드컵 기록은 아래와 같다.

7경기 7골 3도움, 골든볼, 실버부트, 도움 1위, 전 경기 풀타임, POTM(Player of the Match) 5회(토너먼트 전 경기 POTM), 토너먼트 전 경기 득점.

메시의 역대 월드컵 기록은 다음과 같다.

26경기 13골 8도움

월드컵 역대 최다 공격포인트

월드컵 역대 최다 출장

월드컵 역대 득점 3위

월드컵 골든볼 2회를 기록한 유일한 선수(2014, 22)

이번 대회는 메시를 위한 대회일 정도로 모든 스포트라이트가 그에게 쏟아졌다. 그리고 마침내 메시는 월드컵 우승을 차지했다. 국적, 소속팀 상관 없이 모든 축구인이 메시의 기념비적인 월드컵 우승을 축하했다. 심지어 아르헨티나와 라이벌 관계에 있는 브라질의 축구 스타들과 타 스포츠 유명 인사는 물론 세계 각국의 정상들 역시 메시에게 축전을 건넸다.

월드컵 결승전에서 56년 만에 해트트릭을 기록하며 메시의 영화에서 특급 빌런 역할을 맡았던 음바페 역시 "메시가 역대 최고의 선수"라며 축하와 함께 찬사를 건넸다.

이보다 영화 같은 삶이 있을까? 어린 시절 메시의 꿈은 아르헨티나를 위해 뛰는 것이었다. 이는 어렵지 않게 실현되었으나 나라를 위한 트로피를 차지하기는 매우 어려웠다.

하지만 모든 비난과 비판을 감내한 메시는 마침내 월드컵 트로피를 거머쥐었다. 축구에서 월드컵 트로피가 주는 명예는 어떤 명예보다 드높다. '전 세계인의 축제', '지구촌 최고의 축제'라 불리는 월드컵에서 우승한다는 것은 축구뿐만 아니라 모든 스포츠, 나아가 전 세계 모든 문화를 대표한다는 것과 다르지 않다.

한 세대를 대표했던 스타의 여정이 월드컵 우승과 함께라는 것은 이 세상 어떤 영화와 스토리보다 큰 감동을 준다. 그가 이를 위해 흘린 땀과 눈물을 모르는 이가 없기 때문이다. 전 세계인에게 이런 멋진 감동과 여운을 선사한 메시는 역대 최고의 축구, 아니 역사상 최고의 스포츠 스타가 아닐까 싶다.

PART 2

태극전사의
월드컵 도전기

전쟁의 아픔을 딛고 첫 출전

우리 대한민국이 월드컵에 첫 출전을 한 대회는 1954 스위스 월드컵이다. 그런데 공교롭게도 일본과 예선을 거쳐야만 했다. 신청 팀이 우리와 일본 뿐이기도 하거니와, 아시아 대륙에 배정된 출전권이 단 한 장이었기 때문이었다.

역사상 최초의 한일전으로 치러진 예선은 홈앤드어웨이 방식이었다. 그런데 이승만 대통령이 일본 선수단의 입국을 허가하지 않았다. 그래서 두 경기 모두 일본에서 치러야 했다. 경기 결과는 1차전 5대 1, 2차전 2대 2를 기록했다. 우리가 출전권을 따냈다.

하지만 본선이 치러지는 스위스까지 가는 여정은 참혹하기 이를 데 없었다. 전쟁의 상흔이 깊게 패인 상황에서 경제적 어려움 때문에 비행기 직항은 꿈도 못 꾸었다. 미군 비행기를 빌려 도쿄-방콕-콜카타-카라치-로마를 경유한 후에야 스위스에 도착할 수 있었다. 경기를 불과 이틀 앞둔 시점이었다. 대표팀은 도착 후 조금의 휴식도 없이 곧바로 경기를 치러야 했다. 심지어 유니폼에 등번호를 표기하기 위해 밤새 바느질을 했다는 후문도 전해진다.

높은 세계의 벽

1954년 6월 17일, 우리 대표팀의 첫 번째 상대는 헝가리였다. 당시 헝가리는 28경기 무패행진을 달리며 '우승 후보 0순위'라 불릴 정도로 강한 팀이었다.

이 경기는 대한민국뿐만 아니라 아시아 대륙 최초의 월드컵 경기였다. 처음엔 나름 선전하는 듯했지만, 전반 12분 선제골을 허용한 후 우리 팀은 급격히 무너졌다. 스코어는 9대 0.

2차전 상대는 튀르키예였다. 튀르키예가 헝가리만큼 강팀은 아니었다. 그래서 우리 팀은 한 골이라도 넣는 게 목표였다. 전쟁으로

홍덕영(1987~)
1954 스위스 월드컵 당시 발급된 홍덕영의 선수 인증서로 추정되는 사진이다.

어려운 시기를 겪고 있는 국민에게 세계 무대에서 득점함으로써 희망의 메시지를 던지고자 했던 거다.

그러나 현실은 냉엄했다. 튀르키예는 약체인 한국을 상대로 일곱 골을 넣었고 단 한 골도 내주지 않았다. 태극전사들의 절실한 목표는 끝내 이뤄지지 못했다.

다만 수문장 홍덕영의 선방으로 그 정도의 실점으로 그쳤다는 평가가 있다. 헝가리의 무수한 슈팅을 수차례 막아낸 그에게 사이 요청은 물론 숙소에 선물까지 보냈다는 일화가 있다. 아무튼 월드컵 첫 무대는 높은 세계의 벽을 확인하는 자리였다.

32년 만에 월드컵 진출

대한민국은 1958년은 물론 이후 대회에는 참가하지 못했다. 아시안컵 1, 2회 대회에서 우승하며 축구 실력을 뽐냈지만 1958년 대회엔 뒤늦게 참가 신청을 하는 바람에 예선조차 치르질 못했던 거다. 설상가상으로 아시아 축구 수준이 형편없다며 FIFA는 그나마 1장이던 출전권을 0.5장으로 줄였다. 그러다 1장이 되었지만 언감생심이었다.

우리나라 팀이 월드컵에 참가한 건 32년이 지난 1986년 멕시코 월드컵에 가서야 가능했다. 1982년 대회부터 출전 국가가 16개국에서 24개국으로 늘어나면서 아시아에 배정된 티켓 역시 1장 추가됐다. 우리나라는 32년 전과 마찬가지로 결선 플레이오프에서 숙적 일본을 꺾고 월드컵 출전권을 확보한다.

당시 대한민국 대표팀의 전력은 가히 최고라 불릴만했다. 최순호, 허정무, 박창선 등 기량이 출중한 멤버가 있었다. 더불어 독일 분데스리가에서 최고의 활약을 펼치던 차범근이 합류하며 화룡점정을 이뤘다.

월드컵 첫 득점과 첫 승점

한국은 아르헨티나, 이탈리아, 불가리아와 한 조를 이뤘다. 가혹한 조편성이었다. 이탈리아는 1982 스페인 월드컵 우승을 차지한 디펜딩 챔피언이었다. 아르헨티나는 당대 최고의 선수 마라도나가 팀을 이끌고 있었다. 불가리아 역시 프랑스를 꺾을 정도로 강한 팀이었다.

하지만 세계의 벽은 역시 높았다. 아르헨티나와의 첫 경기에서 우리 팀은 상대의 높은 기량에 고전하며 3대 0으로 밀리고 있었다. 이렇게 실력 차를 실감하고 경기가 끝나는 듯했다.

그런데, 최순호가 몰고 온 공을 받은 대표팀의 주장 박창선이 중거리 슛을 날렸다. 아무도 이게 골로 연결되리라고는 생각하지 못했다. 하지만. 박창선의 발끝을 떠난 공은 기묘한 궤적을 그리며 그대로 골문 안으로 빨려 들어갔다. 대한민국 축구 국가대표팀의 역사적인 월드컵 무대 첫 득점이었다. 경기는 3대 1로 패했다.

불가리아와 1대 1로 비긴 우리 대표팀은 이탈리아와 최소한 무승부를 기대했다. 그래야만 조 3위를 기록한 여섯 팀 중 네 팀이 16강 토너먼트에 합류할 수 있었기 때문이다.

하지만 초반에는 예상을 뒤엎고 선전했으나 경기는 3대 2로 종료됐다. 이 이탈리아전은 지금까지도 회자되는 명경기다. 디펜딩 챔

허정무(1953~)와 마라도나
허정무가 공을 걷어내기 위해 킥을 시전했지만, 한 발 빠르게 마라도나가 공을 터치했다. 허정무의 다소 늦은 걷어내기는 그대로 마라도나의 신체를 가격하고 만다. 고의성이 짙다고 보긴 어렵지만, 현대 축구였다면 레드 카드를 받을 수도 있는 상황이었다.

피언을 상대로 물러서지 않고 두 골이나 넣으며 대등한 경기를 선보였기 때문이다. 축구 후진국의 반란이라고 볼 수 있는 경기였다. 특히, '아시아의 호랑이' 최순호의 동점골은 충격 그 자체였다. 도저히 축구 변방국 선수 수준이라고 볼 수 없는 통쾌한 득점이었다.

비록 토너먼트 진출에는 실패했지만, 불가리아와의 경기에서 월드컵 역사상 첫 승점을 남겼다. 또한, 첫 경기를 제외하고 예상보다 강한 모습을 보여줬다는 측면에서 아시아의 호랑이가 월드컵 무대에 돌아왔음을 알렸다는 의의가 있다.

이 대회는 또 당대 최고의 축구 선수 중 한 명이었던 차범근의 마지막 국가대표 무대였다. 차범근은 비록 득점은 못했지만, 커리어 황혼기임에도 한국 공격의 명실상부한 선봉장 역할을 했다.

차범근, 영웅에서 역적으로

대한민국 대표팀은 32년 만에 월드컵 무대에 돌아온 이후 1990 이탈리아, 1994 스페인 월드컵에서도 출전권을 획득해 아시아를 대표해 세계 무대에 나섰다. 하지만 16강은커녕 단 1승도 기록하지 못한 채 쓸쓸히 돌아와야 했다.

하지만 기대 이상의 경기력을 보여주며 축구에 대한 국민적 관심은 점점 높아지고 있었다. 그런 와중에 대한축구협회는 1998 프랑스 월드컵을 앞두고 대한민국 축구 영웅 차범근을 대표팀 감독으로 선임한다. 유럽 무대에서 121골을 터뜨린 축구 영웅의 귀환에 온 나라가 들썩거릴 만큼 기대가 컸다.

유럽 축구 무대를 호령한 차범근에겐 목표가 있었다. 자신이 유럽에서 배운 선진 축구를 통해 한국 축구의 발전을 이끄는 것이었다. 그래서 차범근 감독은 사상 첫 월드컵 승리와 더불어 16강 진출을 통해 자신의 꿈을 실현시키고자 했다.

차범근호는 최종 예선에서 6승 1무 1패를 기록하며 순조롭게 월드컵 출전권을 획득했다. 차범근의 리더십을 다룬 책도 등장했다. 그렇게 대표팀은 역사상 가장 좋은 분위기와 더욱 커진 기대감 속에서 1998 프랑스 월드컵을 맞이했다.

하지만 중국과의 평가전에서 주축 황선홍의 부상으로 전력의 차질이 불가피했다. 그럼에도 차범근호는 첫 상대 멕시코전에서 첫 선제골을 넣는다. 여기까지였다. 득점 이후 3분 만에 골을 넣은 하석주가 강한 백태클을 날려 레드카드를 받았다. 이후 내리 3골을 내주고 패하고 만다.

이어진 네덜란드전은 잔인하리만큼 처참한 패배를 당하고 만다. 5대 0의 대패. 경기가 열린 마르세유의 이름을 따 '마르세유의 비극'이 벌어진 것이다. 여론이 들끓기 시작했다. 축구협회가 비난

차범근(1953~)
차범근은 감독 커리어 이후
축구 교실을 운영하는 등
한국 축구 유소년 성장을 위해
많은 노력을 기울였다.

여론을 견디지 못하고 대회 기간에 차범근 감독을 경질하는 초강수를 뒀다. 다행히 벨기에와 마지막 경기에서는 선수들이 투지를 발휘하며 1대 1 무승부를 거뒀다.

여담으로 당시 한국 대표팀은 푸른색 홈 유니폼을 입고 경기에 임했다. 하지만 이 치욕을 다시는 되풀이 하지 않고자 푸른색 유니폼을 다시는 입지 않게 된다. 브라질이 1950년까지 흰색 홈 유니폼을 입다가 '미네이랑의 비극' 이후 노란색으로 유니폼을 바꾼 것과 유사한 사례라고 볼 수 있다.

월드컵 개최지로서의 고민

21세기 첫 월드컵의 개최지는 한국과 일본이었다. 우리나라가 직접 월드컵 개최를 준비하는 만큼 국민의 관심도 높아졌고, 국가대표팀의 인기도 점차 오르고 있었다.

문제는 대표팀의 성적이었다. 당시까지만 하더라도 개최국이 1라운드에서 탈락한 사례가 없었다. 만약 2002 한일 월드컵에서 우리나라가 최초의 조별리그 탈락이란 불명예를 쓰게 된다면 전 국민의 비난은 불을 보듯 뻔했다.

결국, 대한축구협회의 모든 초점은 월드컵 16강에 맞춰졌다. 대표팀은 변화를 위해 공개경쟁을 통해 허정무 감독을 선임했다. 그러나 2000년에 펼쳐진 아시안게임과 아시안컵에서 기대 이하의 성적을 거두며 재계약에 실패하고 만다.

그래서 대한축구협회는 외국인 명장에게 우리 대표팀을 맡기기로 한다. 그리고 발탁한 감독이 바로 2년 전, 우리나라를 5대 0으로 박살 냈던 네덜란드 출신 거스 히딩크였다.

히딩크는 PSV 에인트호번을 이끌고 트레블(리그, 국내 컵, 챔피언스리그)을 달성할 정도로 대단한 명장이었다. 1998 프랑스 월드컵에서도 네덜란드 대표팀을 이끌고 4강에 진출하는 위업을 이루기도 했다.

히딩크, 첫 해외 명장 감독으로 부임

히딩크는 상당히 파격적인 조건을 내걸었다. 대표팀을 클럽팀처럼 꾸리겠다고 했단다. K리그의 중단이 불가피했다. 지금으로선 상상하기 어려운 일이었다. 뒷날 히딩크 본인도 불가능한 조건을 제시했다고 인정했다.

그러면서 히딩크는 관계자에게 "내가 아무 이유 없이 선수들에게 나무에 오르라고 하면 따르겠는가"라고 물었고, 관계자는 "당신의 판단을 존중하겠다"라고 답했다. 이에 히딩크는 협회의 정성에 감동해 한국행을 결심한다.

2001년 1월 1일, 히딩크호가 공식 출범했다. 히딩크 감독은 "한국 선수들은 기술은 뛰어나지만, 체력과 전술에 문제가 있다"며 체력 훈련에 집중했다.

또한, 히딩크는 생각하는 축구를 해야 한다고 주문했다. 패스를 줄 때 상황에 따라 강약 조절을 할 줄 알아야 하며, 더 나은 선택지가 있는지 파악할 수 있는 능력이 필요하다고 지시했다.

한국 특유의 위계질서 문화도 타파했다. 히딩크는 경기 중 "형", "선배" 등으로 부르는 것을 보고 이를 금지했다. 서양에서는 볼 수 없는 문화였으며, "명보 선배, 저한테 패스해 주세요!"보다 "명보, 패스!"가 의사전달이 빠를 수밖에 없다.

거스 히딩크(1946~)
히딩크 감독은 기자회견에서도
강한 발언을 서슴없이 내뱉는 등
강단있는 면모를 자주 보였다.

월드컵 첫 승

히딩크의 지도 아래 대표팀은 변화를 거듭했지만, 순탄치만은 않았다. 히딩크의 지도가 성과로 나타나는 데는 긴 시간이 걸렸다. 히딩크의 바람대로 세계 각지로 전지훈련을 떠나고 대회에 출전했으나 축구 강호들을 상대로 여러 차례 좌절을 맛봐야 했다. 2001년 여름, 프랑스와 체코에 각각 5대 0으로 대패한 것은 그야말로 충격이었다. 오죽하면 '오대영' 감독이란 별명을 붙였을까. 국민의 반응도 냉랭했다. 히딩크는 흔들리지 않았다.

개막이 30일 앞으로 다가온 시점, 히딩크는 기자회견장에서 "우리는 세계를 깜짝 놀라게 할 것이다"라고 말하며 자신감을 드러냈다. 그 자신감은 허황된 말이 아니었다. 월드컵 개막 직전, 세 차례의 평가전에서 좋은 모습을 보여준 것이다.

2002 한일 월드컵에서 우리나라는 포르투갈, 미국, 폴란드와 한 조에 편성됐다. 히딩크호와 모든 한국인은 '16강'만을 바라보았다. 히딩크 감독은 한글을 읽을 수는 없었지만, 신문 여기저기 가득한 '16' 숫자를 보며 의미를 파악할 수 있었다고 한다.

본선 첫 상대는 폴란드였다. 전반 25분 이을용이 좌측에서 낮은 크로스를 올렸고, 황선홍이 이를 원터치로 마무리하면서 선제골을 터뜨렸다. 관중석의 붉은 악마들이 일제히 일어났다. 거리에 있는 팬들은 서로를 얼싸안았다.

황선홍 본인에게도 의미 깊은 골이었다. 그는 1994 미국 월드컵에서 여러 찬스를 놓쳤던 '역적'이었다. 1998 프랑스 월드컵 당시에는 안타까운 부상으로 출전조차 하지 못했다.

이후 지금은 고인이 된 유상철의 통렬한 중거리 득점에 힘입어 2대 0으로 끝이 났다. 한국은 월드컵 본선 진출 48년 만에 첫 승리를 거두었다.

송종국, 세계 최고를 지우다

대표팀의 다음 상대는 미국이었다. 국민은 복수를 간절히 바랐지만, 결과는 1대 1 무승부였다. 4개월 전, 2002 솔트레이크시티 동계올림픽 쇼트트랙 결승전에서 오심으로 김동성이 미국 선수 안톤 오노에게 금메달을 강탈당했기 때문이다.

아무튼 1승 1무의 대한민국은 조 1위였다. 다만 마지막 예선전인 포르투갈과의 결과에 따라 16강 목표가 가려진다. 그런데 포르투갈은 FIFA 랭킹 5위, 유로 2000 4강에 빛나는 강호가 아니던가. 넘을 수 없는 벽처럼 느껴져 긴장할 수밖에 없었다.

하지만 공은 둥글었다. 세계 최고의 스타플레이어 피구가 그날 경기장에서 완전히 지워지고 말았다. 무명 수비수 송종국의 밀착 마크에 옴짝달싹하지 못했던 거다. 결국 후반 25분 박지성이 좌측면에서 날아온 이영표의 크로스를 가슴 트래핑 후 한 번 접고 곧바로 왼발 슈팅을 날렸다. 골키퍼 다리 사이를 통과하며 그대로 골이 됐다. 신예 박지성의 등장을 전 세계에 알리는 한국 축구사의 중요한 장면이었다.

그렇게 1대 0으로 경기가 끝나며 태극전사는 2승 1무로 조 1위로 16강에 진출했다. 포르투갈은 1승 2패로 탈락해 고국으로 돌아가야 했다. 대한민국은 그토록 염원하던 16강 진출에 성공했다.

아주리 격침하고 8강 진출

"나는 여전히 배가 고프다(I'm still hungry)."

히딩크 감독은 16강에 만족하지 않겠다는 의지를 이렇게 내비 쳤다. 히딩크는 첫 16강 진출이라는 목표를 이뤘기에 혹시 선수들의 기강이 해이해질 걸 우려했다. 선수단을 집합시켜 불호령을 내렸다. 선수들은 16강 그 이상의 목표를 바라보기 시작했다.

대한민국의 16강 상대는 이탈리아였다. 화려한 명단을 자랑했다. 명실상부 우승 후보 중 하나였다.

6월 18일 대전월드컵경기장에 양 국가의 선수들이 모였다. 당시 한반도는 온통 붉은 물결이었다. 어느 거리를 가도 "대~한민국!"이란 응원 구호를 들을 수 있을 정도였다. 온 국민의 응원 아래 대표팀은 아주리군단과 맞붙었다.

전반전은 코너킥에서 비에리에게 선제골을 내주고 1대 0으로 마무리됐다. 후반전이 되자 이탈리아가 수비적인 전술을 구사했다. 그러자 히딩크는 감독은 방패를 뚫는 창, 즉 공격수 투입으로 승부수를 띄웠다. 경기 막판에는 주장이자 팀의 핵심 수비수 홍명보를 빼고 공격수 차두리까지 투입했다.

두드리면 열린다고 했던가. 경기 종료 3분 전, 박지성의 패스를 받은 황선홍이 페널티 박스 중앙으로 공을 넘겼다. 이탈리아 수비가 걷어내지 못하고, 그 공은 설기현 앞에 떨어졌다. 설기현이 곧바로 왼발슛을 날렸다. 그 공은 절묘한 궤적을 그리며 이탈리아 골망을 갈랐다.

1대 1. 연장전까지 가는 사투 끝에 안정환의 헤딩슛이 터졌다. 그 유명한 반지 세러머니를 가능하게 한 골든골이었다.

무적함대 누르고 4강 진출

축구 변방국으로 평가받던 한국, 미국, 세네갈, 터키가 돌풍을 일으키며 8강 무대에 올랐다. 이는 축구가 더 이상 유럽과 남미의 전유물이 아님을 의미했다. 아시아 국가 최초 4강을 눈앞에 둔 태극전사들은 전 국민의 염원을 안고 6월 22일 광주에서 '무적함대' 스페인과 격돌했다.

기대와 달리 경기는 우리의 뜻대로 풀리지 않았다. 스페인은 연장전 혈투까지 벌인 우리보다 이틀 앞서 16강전을 치러서 휴식 시간이 길었다. 체력에 앞섰다는 얘기다.

역시 체력에서 밀렸기 때문일까. 국민의 압도적인 응원에도 스페인이 주도권 잡고 공격을 퍼부었다. 특히 중원의 진공청소기 김남일이 끝내 부상으로 교체되면서 한국은 더욱 흔들리기 시작했다. 다행히 한국은 실점하지 않았고 연장까지 승부를 끌고 갔다.

연장전에서도 일방적인 스페인의 공격에도 불구하고 좀처럼 골이 터지지 않았다. 모리엔테스가 헤딩슛으로 터드린 선제골은 호아킨이 크로스를 올리기 직전 공이 라인 밖으로 나갔다는 판정이었다. 한국으로선 행운의 순간이었다. 결국 120분이 지났다. 점수는 0대 0, 한국은 월드컵에서 처음으로 승부차기에 돌입하게 됐다.

운명의 승부차기. 결과는 4번 키커에서 갈렸다. 두 팀 모두 3번 키커까지는 성공이었다. 한국의 4번 키커 안정환은 대담하게 가운데로 슛을 날렸고 골키퍼가 오른쪽으로 다이빙을 해 득점으로 연결됐다. 스페인의 4번 키커는 호아킨이었다. 어린 선수인 만큼 움직임은 활발했다. 하지만 그의 표정엔 긴장한 기색이 역력했다. 공이 호아킨의 발을 떠났다. 이운재는 방향을 미리 읽었고 정확하게 몸을 날려 펀칭에 성공했다. 전 국민이 환호를 질렀다. 5번 키커는 팀의 주장 홍명보였다. 홍명보는 강력한 슈팅으로 스페인의 골망을 갈랐다. 한국은 그렇게 아시아 국가 최초로 월드컵 4강에 진출했다.

꿈은 이루어졌다

누구도 예상치 못한 극적인 성과 앞에 국민은 어떤 말로도 표현할 수 없는 기쁨을 누렸다. 그날 한국의 길거리는 혼돈의 축제 그 자체였다. 기쁨을 주체하지 못해 윗옷을 벗어 흔들거나 괴성을 지르고 길바닥에 누워버린 사람도 있었다.

이제 목표는 결승 진출이었다. 우리의 상대는 독일. 독일 대표팀의 전력은 4강 진출이 이변이라는 평가가 주를 이룰 정도였다. 그

서울광장을 가득 메운 붉은 악마
2002 한일 월드컵 당시 서울광장을 가득 메운 국민들의 모습이다.

렇다면 의지가 하늘을 찌르는 우리 대표팀은 해볼 만한 상대라고 여겼다.

4강전은 6월 25일, 서울상암월드컵경기장에서 펼쳐졌다. 전 국민이 다시 한번 뜨거운 응원을 건넸다. 다만, 선수들의 이미 한계에 도달한 상태였다. 두 차례의 연장 승부로 체력은 바닥이 났다.

그럼에도 선수들은 죽을 각오로 그라운드에 들어섰다. 전반 7분 역습 상황에서 차두리의 패스를 받은 이천수가 박스 안에서 좋은 슈팅을 날렸다. 그대로 골문으로 빨려들어가나 싶었는데 독일의 수문장 올리버 칸이 환상적인 선방으로 공을 막아냈다. 이천수는 당시를 회상하며 이런 말을 남겼다.

"보통 슛을 때리면 이건 무조건 들어갔다는 느낌이 온다. 독일전도 그랬다. 슛하는 순간 100% 들어갔다고 확신했는데 그걸 (칸) 막아내더라. 그때 오늘은 진짜 질 수도 있겠다는 생각이 들었다."

결국 이천수의 예감은 결과로 이어졌다. 후반 30분, 미하엘 발락이 선제골을 넣었고 한국은 끝내 득점을 기록하지 못했다. 그렇게 대한민국은 4강에서 위대한 전진을 마무리했다.

4강 신화의 의미

대표팀은 3, 4위전에서 터키와 동메달을 두고 일전을 치렀다. 하지만 2대 3으로 석패했다. 하지만 그들을 비난하는 사람은 아무도 없었다. 오히려 형제의 나라 터키 선수들과 멋진 스포츠맨십을 보여주었다.

2002 한일 월드컵 4강은 한국 축구사에 큰 영향을 끼쳤다. 축구에 대한 국민적 관심이 폭발적으로 증가했으며 현재까지도 '대한

민국 축구 국가대표팀'은 우리나라 스포츠 분야 중 가장 압도적인 인기를 자랑한다. '전 국민의 스포츠'란 지위를 차지한 것이다.

더불어 2002 한일 월드컵은 한국전쟁 이후 전 국민이 하나가 된 유일한 순간으로 기억되기도 한다. 우리 사회는 이슈가 있을 때마다 여러 갈래로 나뉘곤 한다. 당시도 마찬가지였다. 하지만 2002년 6월만큼은 달랐다. 우리 국민은 '축구'로 하나가 됐고 붉은 물결이 한반도를 뒤덮었다. 2002 한일 월드컵은 대한민국 축구 역사뿐만 아니라 한국 역사에 중요한 사건으로 기억될 것이다.

한국 축구의 아버지, 박지성

한국 축구 역사상 최고의 선수는 누구일까? 80년대 유럽 축구 무대를 평정한 차범근, 프리미어리그 득점왕 손흥민, 그리고 해외 축구의 아버지 박지성 등 저마다 의견이 있을 것이다. 하지만 국가대표팀에서 활약이 가장 뛰어난 사람이 누구냐고 묻는다면 2002 한일 월드컵 4강 신화의 주역 박지성을 뽑지 않을 수 없다. 2002 한일 월드컵뿐만 아니라 2006, 2010 두 차례 월드컵에서 박지성이 보여준 활약은 그야말로 군계일학이었다.

박지성은 '대기만성'형 축구 선수로 유명하다. 키가 작고 왜소해 스카우터들의 외면을 받기 일쑤였다. 명지대에 어렵게 진학한 박지성은 명지대와 올림픽 대표팀과의 친선경기에서 발군의 실력을 보여준다. 올림픽 대표팀 수비 5명을 제치고 득점했던 거다.

당시 올림픽 대표팀을 이끌던 허정무 감독은 박지성의 플레이가 센스 넘치고 영리하다고 판단해 곧바로 올림픽 대표팀으로 선발한다.

히딩크 감독은 강한 체력과 기본기, 여러 포지션을 뛸 수 있는 '멀티' 능력을 굉장히 중요시했다. 공격과 수비 능력은 물론 활동량까지 갖춘 박지성은 히딩크가 원하는 선수 요건에 딱 알맞은 선수였다. '무명' 박지성을 향한 세간의 우려 섞인 시선도 존재했으나 2002 한일 월드컵 한국 대표팀 23인 명단에 당당히 이름을 올렸다. 그리고 박지성은 대한민국의 월드컵 4강 신화를 주역이 되었다.

박지성의 다음 목표는 유럽 진출이었다. 그는 히딩크의 부름을 받아 네덜란드 PSV 에인트호번으로 이적한다. 그러다 퍼거슨 감독 눈에 들었고, 맨체스터 유나이티드에 입단한다. 이후 그가 연출한 활약은 우리의 상상 그 이상이었다.

캡틴 팍, 한국 축구의 대들보

에이스를 상징하는 등번호 7번을 달고 박지성은 2006 독일 월드컵에 출전했다. 아프리카의 토고전에서 질뻔한 경기를 박지성의

박지성(1981~)
맨체스터 유나이티드에서 활약하고 있는 박지성의 모습이다.
프리미어리그 우승 4회, 챔피언스리그 1회 등 많은 트로피를 들어올렸다.

활약으로 뒤집는다. 대한민국이 월드컵 역사상 원정 첫 승리의 순간이었다.

당시 이천수가 프리킥으로 동점골을 넣었는데, 그 프리킥을 만들고 상대 퇴장을 유도한 것이 박지성이었다. 더불어 안정환의 역전 중거리 득점 당시 상대 수비수를 박지성이 좋은 움직임으로 끌어줬다. 덕분에 안정환은 편하게 슛할 수 있었다. 득점은 올리지 못했지만, 해당 경기의 숨은 MVP는 단연 박지성이었다.

두 번째 상대는 프랑스. 프랑스는 지단, 앙리, 비에이라 등 초호화 라인업을 자랑하는 팀답게 대한민국을 거세게 몰아붙였다. 결국 앙리의 선제골로 앞서갔다. 하지만 후반전 설기현이 좋은 크로스를 받은 장신 공격수 조재진의 헤더를 문전 앞에 있던 박지성이 쇄도하여 발끝으로 건드렸다. 공은 절묘한 포물선을 그리며 골문으로 빨려 들어갔다. 1대 1 무승부. 그러나 한국 대표팀은 3차전에서 스위스에게 0대 2로 패했다. 2승 1무의 스위스가 조 1위로 16강 진출에 성공했고, 한국은 1승 1무 1패로 승점 4점을 획득했으나 같은 시각 토고를 제압한 프랑스가 1승 2무 승점 5점을 얻은 탓에 16강 진출에 실패하고 만다.

2006 독일 월드컵 이후에도 박지성은 영국과 한국을 오가며 한국 축구의 기둥과 같은 역할을 했다. 대표팀에서 주장 완장을 찬 '캡틴 박Captain Park'은 묵묵히 자신의 역할을 완벽하게 소화했다. 더불어 월드컵 최종 예선에서 5골을 넣는 등 맹활약을 펼치며 조국의 2010 남아공 월드컵 본선 진출을 이끌었다.

그렇게 대표팀은 좋은 분위기 속 2010 남아공 월드컵에 출전했다. 박지성은 말보다는 행동으로 보여주는 리더였다. 세계 최고의 팀에서 활약하는 대선배가 경기장에서 궂은 일을 마다하지 않고 열심히 뛰니 저절로 팀의 기강이 잡혔다. 대표팀 역시 24경기 무패를 기록하는 등 좋은 모습을 보여주고 있었다. 첫 원정 16강에 대한 기대는 한층 더 높아지고 있었다.

3개 대회 연속골

2010 남아공 월드컵에서 한국은 그리스, 아르헨티나, 나이지리아와 한 조를 이뤘다. '캡틴' 박지성은 출국 전 인터뷰에서 "목표는 16강이다. 목표 이외에는 어떤 생각도 하지 않고 있다"라며 원정 첫 16강을 향한 의지를 내비쳤다.

그리스와의 1차전에서 박지성은 세 차례 월드컵에서 연속으로 득점한 최초의 한국인이자 아시아인으로 이름을 남겼다. 또한, 3골로 안정환과 함께 한국 월드컵 통산 최다골 기록 타이에 등극하는 순간이었다.

그리스를 2대 0으로 제압한 대표팀의 2차전 상대는 아르헨티나. 하지만 메시를 막느라 이과인에게 너무 많은 기회를 허용해 해트트릭을 헌납하는 굴욕을 맛봐야 했다.

16강 진출의 운명이 달린 나이지리아전은 2대 2 무승부. 다행히 아르헨티나가 그리스를 2대 0으로 제압하며 대한민국은 원정 첫 16강을 이뤄냈다. 주장으로서 모든 경기 풀타임을 소화하며 묵묵히 맹활약을 펼친 박지성은 팀의 16강행의 일등 공신이었다.

우루과이를 상대로 한 16강 경기에서 완벽한 경기력을 보여주었지만 신은 박지성과 한국에 8강 무대를 허락하지 않았다. 맹활약도 불구하고 결국 경기는 2대 1로 끝났다. 이날 박지성의 퍼포먼스는 지금까지도 역대 최고의 경기력이라고 축구팬들 사이에서 회

자된다. 역동적인 드리블로 상대 수비진을 휘저었다. 또한, 완벽한 스루패스로 빅찬스를 여러 차례 만들었다. 하지만 우리 공격수들의 결정력 부족이 아쉬웠다.

캡틴 박지성의 월드컵 도전도 함께 끝이 났다. 경기 종료 직후 2골을 넣으며 우루과이의 승리를 견인한 수아레스는 박지성에게 어린아이처럼 쪼르르 달려가 유니폼 교환을 요청했다. 박지성의 위상과 퍼포먼스가 얼마나 대단했는지 알 수 있는 대목이었다.

한국 축구의 전환점, 카잔의 기적

박지성이 은퇴한 이후 대한민국 국가대표팀은 좀처럼 갈피를 잡지 못했다. 2014 브라질 월드컵에서는 2002 한일 월드컵 4강 신화의 주역 홍명보가 지휘봉을 잡았지만, 1무 2패의 초라한 성적으로 귀국해야 했다.

이후 슈틸리케 감독이 사령탑으로 선임됐다. 레알 마드리드 레전드 출신으로 이름을 떨쳤으나 감독 능력은 형편이 없었다. 2015 호주 아시안컵 준우승을 차지했지만, 2018 러시아 월드컵 지역 예선에서 부진하자, 경질되고 만다.

축구협회는 슈틸리케의 후임으로 U-23 올림픽 대표팀 감독을 맡고 있었던 신태용을 새로운 사령탑으로 선임했다. 대표팀은 겨우

조 2위를 차지해 2018 러시아 월드컵 본선 진출 티켓을 획득했다. 월드컵 9회 연속 진출이라는 의미있는 기록을 썼다.

하지만 팀은 어수선했다. 히딩크 감독이 부임한다는 소문까지 나돌았다. 더욱이 주전들의 부상으로 낙마하자 신태용 감독은 핵심 선수 4명과 조커 카드 염기훈까지 잃는 최악의 상황에서 월드컵을 맞이하게 된다.

조 편성 역시 순탄치 않았다. 대표팀은 독일, 스웨덴, 멕시코와 한 조에 속했다. 독일은 당연하고, 스웨덴, 멕시코에 승점 1점을 딸 수 있을지도 의문이었다.

어수선한 분위기 속에서 대표팀은 스웨덴과의 2018 러시아 월드컵 첫 경기에 나섰다. 그러나 운명은 신태용 감독의 편이 아니었다. 2차전 멕시코에게도 패배했다. 0승 2패. 국민의 비난은 강렬했고 무서웠다.

험악한 분위기 속 대표팀은 0승 3패를 하느냐 마느냐 하는 기로에서 디펜딩 챔피언 독일과 마주했다. 독일 역시 무기력했다. 멕시코에 패했고 스웨덴과의 일전에선 추가시간 득점으로 겨우 승리를 챙겼다.

덕분에 대한민국 대표팀에게도 실낱같은 희망이 있었다. 만약 한국이 독일을 이기고 멕시코가 스웨덴을 꺾어준다면.

2018년 6월 27일, 한국과 독일의 조별리그 마지막 경기가 카잔

조현우(1991~)
2018 러시아 월드컵 당시 팀의 수호신 조현우의 활약은 매우 눈부셨다.
환상적인 선방으로 팀을 구해내며 '빛현우'라는 칭송을 받았다.

에서 열렸다. 결과는 우리가 심심하면 보게 되는 명장면이 연출됐다. 손흥민이 전력 질주하여 잡아낸 공을 빈 골대를 향해 슈팅을 날렸던 그 장면. 골키퍼 조현우의 신들린 선방 장면.

우리가 2대 0으로 독일을 꺾었다. 최소한 체면은 세운 셈이다. 그러나 멕시코가 스웨덴에 패하며 16강 진출은 실패하고 만다. 물론 월드컵 역사상 최초로 예선에서 탈락한 독일 국민은 우리보다 더 진한 눈물을 흘려야 했다.

카타르, 또 하나의 기적

2019년, 대표팀은 59년 만에 아시안컵 우승 사냥에 나섰다. 새롭게 부임한 벤투의 전술이 팀에 녹아들지 못했던 탓일까. 8강에서 카타르에 패해 조기 탈락하고 만다. 그러나 벤투는 서서히 팀을 변화시켰다. 아시안컵 이후 젊은 선수들을 적극 기용하면서 세대교체를 시도했다.

주목할 점은 역시 전술이었다. 수비를 우선하다 역습하는 기존 전술 대신 벤투 감독은 후방에서부터 짧은 패스로 공격하며 전방 압박을 가하는 축구를 지향했다. 시간이 지날수록 팀은 안정을 되찾았다. 최종 예선을 2경기 남긴 상황에서 6승2무를 기록했다. 남은 경기 결과와 상관없이 월드컵 10회 연속 진출이라는 위업을 달성했다. 암흑기 시절(2014, 2018) 마지막 경기까지 경우의 수를 따져가며 진땀을 흘렸던 것과 상반된 모습이었다. 안정적인 경기력을 보여주며 월드컵 조기 진출에 성공한 대표팀은 2022 카타르 월드컵을 향한 기대감을 높였다.

카타르 월드컵 직전, 대한민국의 주장 손흥민은 2021~22시즌 프리미어리그에서 무려 23골을 넣으며 이집트의 모하메드 살라(리버풀)와 함께 공동 득점왕을 차지했다. 이는 아시아인으로서 처음 달성한 업적이었다. 물론 손흥민은 그 전부터 프리미어리그에서 늘 10골 이상을 득점하며 톱클래스 반열에 오른 선수였지만, 득점왕을 차지하면서 확실한 월드클래스로 자리매김하게 된다.

그러나 손흥민은 2022~23 챔피언스리그에서 상대 선수와 부딪혀 왼쪽 눈 안와골절 진단을 받았다. 수술대에 오른 손흥민은 자신의 SNS에 이렇게 말하며 월드컵 출전 의지를 밝혔다.

"(코로나19로 인해) 지난 2년여 시간 동안 국민 여러분이 참고 견디며 쓰신 마스크를 생각하면 월드컵 경기에서 쓰게 될 저의 마스크는 아무것도 아닐 것입니다."

수술과 재활을 압축적으로 진행한 손흥민은 만류에도 불구하고 결국 출전을 강행했다.

구세주 이강인과 영웅 조규성

카타르에서 맞설 상대는 포르투갈, 우루과이, 가나였다. 만만하다고 볼 수는 없지만, 라이벌 일본이 독일, 스페인, 코스타리카와 한 조임을 생각하면 비교적 해볼 만한 조 편성이라는 평가가 주를 이뤘다.

첫 상대는 우루과이. 솔직히 우루과이는 우리보다 전력이 한 수 위다. 하지만 공은 둥글다는 신념으로 우리 선수들은 경기에 임했다. 벤투 감독이 4년 동안 준비한 전술도 있었다.

사실 이 경기는 우리가 주도권을 잡았었다. 그럼에도 결과는 0대 0 무승부였다. 귀중한 승점 1점이었지만 "아쉽다"라는 말이 절로 나왔다. "지금까지 봤던 월드컵 경기 중 가장 잘하고 있는 것 같다", "벤버지(벤투+아버지)"와 같은 팬들의 반응이 쏟아졌다.

2차전 상대는 가나. 3차전 상대가 '강호' 포르투갈임을 생각하면 가나는 반드시 잡아야 16강행이 가능했다. 하지만 전반전에 무려 2골이나 내주며 끌려갔다. 위기에 몰린 벤투 감독이 승부수를 띄웠다. 이강인을 투입한 거다. 벤투 감독과 케미가 잘 맞지 않아 좀처럼 기회가 없었던 이강인은 물을 만난 물고기마냥 스페인 무대에서 닦은 실력을 맘껏 뽐냈다.

이강인이 왼쪽 측면에서 왼발 크로스를 올렸다. 그러자 조규성이 강력한 헤더로 골망을 흔들었다. 2대 1. 기세를 잡은 한국은 3분 만에 김진수의 크로스를 받은 조규성이 또다시 강력한 헤더로 동점골을 만들었다. 2실점을 한 이후 동점을 만든 거나 한국 선수가 한 경기에서 2득점 역시 최초였다.

그러나 동점 이후 평정심을 잃었던 탓일까? 한국은 끝내 실점하고 가나에 2대 3으로 패했다.

좋은 경기력에도 1무 1패로 벼랑 끝에 내몰린 대한민국의 상대는 호날두가 이끄는 포르투갈. 포르투갈을 한 점 차로 이긴다면 16

강 진출이 가능한 경우의 수였다.

도하의 기적

양팀의 주장 손흥민과 호날두를 필두로 22명의 선수가 경기장에 입장했다. 손흥민은 '우상' 호날두와 맞대결을 앞두고 악수하며 결의를 다졌다.

하지만 대표팀은 전반 4분 만에 선제 실점을 허용하고 만다. 이대로 주저앉을 수 없는 상황. 결국, 세트피스로 동점골을 뽑아냈다. 이강인이 올린 날카로운 크로스가 호날두의 등을 맞고 골문 앞에 있던 김영권 발아래로 떨어졌다. 김영권은 슈팅을 날려 마무리했다.

그런데 우루과이가 가나를 상대로 2대 0으로 앞서고 있었다. 대한민국이 역전한다면 16강 진출이 가능한 상황. 김영권의 동점골을 도와줬다는 이유로 국내 팬들은 호날두를 '한반두'라 부르며 조롱하기도 했다. 2019년 내한했을 때, 약속과 달리 단 1분도 출전하지 않은 '호날두 노쇼' 사건에 대한 소심한 복수를 톡톡히 한 셈이었다.

60분 무렵 호날두가 나가고 한국은 '황소' 황희찬이 들어갔다. 하지만 좀처럼 골이 터지지 않았다. 90분이 모두 흘렀을 때, 포르투갈의 코너킥이 선언됐다. 동시에 대기심은 추가시간으로 숫자 '6'

이 적힌 전광판을 들어 올렸다.

코너킥이 페널티 박스로 날아왔다. 김문환이 헤더로 클리어 한 공이 우측면으로 흘렀다. 그러자 손흥민의 질주가 시작됐다. 2명의 수비를 제외하고 공격에 가담한 포르투갈 선수들 다수가 수비 진영으로 복귀하지 못한 상황. 하지만 어느새 포르투갈 선수들이 손흥민을 둘러쌌다. 그 순간 손흥민은 상대 다리 사이를 노려 패스를 건넸다. 공은 정확히 황희찬이 달려가는 곳으로 향했고, 황희찬이 이를 깔끔하게 마무리해 골을 터뜨렸다.

대한민국 응원석에서 태극기가 펄럭이며 환호성이 터져 나왔다. 믿을 수 없는 기적이 또다시 찾아왔다. 그렇게 한국이 포르투갈을 상대로 2002년에 이어 또다시 승리를 차지했다.

하지만 아직 경우의 수는 끝나지 않았다. 우루과이가 가나에 2대 0으로 앞서고 있었다. 만약 이 스코어가 유지된다면 우리가 유리하다. 결국 승리의 신은 대한민국을 선택했다. 우리가 조 2위가 된 거다.

아쉽지 않은 마무리

그러나 한국의 여정은 16강까지만 허용됐다. 하필 16강에서 우승 후보 0순위 브라질을 만난 거다. 결국 대한민국은 브라질에 4대

1로 대패하고 만다.

실력도 실력이지만, 한국은 남아있는 체력이 부족했다. 브라질은 일찌감치 2승을 거둔 후 3차전에서 주전 선수들에게 휴식을 부여했다. 브라질은 압도적인 기량으로 한국을 몰아붙였고 체력이 남아있지 않던 한국 선수들은 제대로 반응조차 못한 채 무너졌다. 전반 종료 당시 스코어가 4대 0이었다. 후반전, 한국의 유망주 미드필더 백승호가 멋진 중거리 슈팅으로 만회골을 넣은 것으로 위안을 삼아야 했다.

그렇게 대표팀은 최종 성적 16강으로 카타르 월드컵을 마무리했다. 대패했지만, 대표팀을 비난하는 이들은 없었다. 축구 변방국이었던 한국이 세계 최고의 팀들을 상대로도 주눅 들지 않고 경기를 할 수 있음에 국민은 기쁨을 감추지 않았다. 우리나라도 세계 무대에서 충분히 잘할 수 있다는 자신감을 심어준 대회였다. 국민은 열광적인 박수와 함성으로 멋진 모습을 보여준 대표팀을 응원했다. 겨울에 열린 월드컵이었지만, 그 순간만큼은 한여름보다 더 뜨거웠다.

Road To North America

이제 대표팀의 시선은 북아메리카로 향한다. 2026 북중미 월드컵은 미국, 캐나다, 멕시코에서 공동 개최된다. 한국 대표팀의 목표는 토너먼트 1승이다. 한국은 2002년 4강 신화 이후 토너먼트 승리가 없다. 2010, 2022 두 대회에서 원정 16강을 달성했지만, 토너먼트 첫 경기의 벽을 넘지 못했다. 이젠 홈이 아닌 원정에서 토너먼트 첫 승을 노릴 때다.

대표팀의 전력은 2022년을 뛰어넘는 수준이다. 특히, 손흥민은 2026 북중미 월드컵에서 최상의 컨디션을 발휘하고자 적응 차원에서 새로운 소속팀으로 LA FC를 선택했다. 또한, 바이에른 뮌헨의 수비수 김민재, 중원의 이재성과 황인범 등 베테랑들이 팀의 중심을 잡고 있다. 신예 스트라이커 오현규와 천재 미드필더 이강인 등 젊은 세대의 성장 역시 주목할 법하다.

이에 더해 독일 분데스리가에서 활약하는 혼혈 미드필더 옌스 카스트로프가 대표팀에 합류했다. 독일인 아버지와 한국인 어머니를 둔 카스트로프는 독일 연령별 대표팀을 두루 거칠 정도로 실력이 뛰어나다. 대표팀의 약점이라 불렸던 수비형 미드필더가 주 포지션인 만큼 팀의 새로운 활력을 불어넣을 것으로 기대된다. 베테랑과 신세대의 적절한 조화가 이뤄진다면 토너먼트 1승은 불가능한 꿈이 아니다.

부 록

한 작가's Award

위대한 기록 I
(국가)

월드컵 최다 우승국

순위	국가	횟수	우승연도
1위	브라질	5회	1958, 1962, 1970, 1994, 2002
2위	독일	4회	1954, 1974, 1990, 2014
3위	이탈리아	4회	1934, 1938, 1982, 2006
4위	아르헨티나	3회	1978, 1986, 2022
5위	프랑스	2회	1998, 2018
5위	우루과이	2회	1930, 1950
7위	잉글랜드	2회	1966
7위	스페인	1회	2010

월드컵 최다 결승전 진출국

순위	국가	진출 횟수
1위	독일	8회
2위	브라질	7회
3위	이탈리아	6회
4위	아르헨티나	6위
5위	프랑스	4회

월드컵 최다 출전국

순위	국가	출전 횟수
1위	브라질	22회(전 대회 개근)
2위	독일	20회
3위	아르헨티나	18회
4위	이탈리아	18회
5위	멕시코	17회

월드컵 최다승

순위	국가	승리 횟수
1위	브라질	76승(114경기)
2위	독일	68승(112경기)
3위	아르헨티나	47승(88경기)
4위	이탈리아	45승(83경기)
5위	프랑스	39승(73경기)

최다 연속 우승

순위	국가	우승 연도
1위	이탈리아	2회(1934, 1938)
1위	브라질	2회(1958, 1962)

최다 결승전 연속 진출

순위	국가	우승 연도
1위	독일	3회(1982, 1986, 1990)
1위	브라질	3회(1994, 1998, 2002)

위대한 기록 II
(선수)

월드컵 최다 우승 선수

펠레(브라질) 3회(1958, 1962, 1970)

월드컵 최다 출전 선수

순위	선수 이름	출신국	출전 횟수	출전 연도
1위	리오넬 메시	아르헨티나	26회	2006, 2010, 2014, 2018, 2022
2위	로타어 마테우스	독일	25회	1982, 1986, 1990, 1994, 1998
3위	미로슬라프 클로제		24회	2002, 2006, 2010, 2014
4위	파올로 말디니	이탈리아	23회	1990, 1994, 1998, 2002
5위	크리스티아누 호날두	포르투갈	22회	2006, 2010, 2014, 2018, 2022

월드컵 결승전 최다 출전 선수

카푸(브라질) 3회(1994, 1998, 2002)

월드컵 최연소 출전자

노먼 화이트사이드(북아일랜드) 17세 41일(1982)

월드컵 결승전 최연소 출전 선수

펠레 17세 249일(1958)

월드컵 최연장 출전자

에삼 엘하다리(이집트) 45세 161일(2018)

월드컵 결승전 최연장 출전자

디노 조프(이탈리아) 40년 133일(1982)

월드컵 역대 최다 득점자

순위	국가	출신국	득점수
1위	미로슬라프 클로제	독일	16골(24경기)
2위	호나우두	브라질	15골(19경기)
3위	게르트 뮐러	독일	14골(13경기)
4위	쥐스프 퐁텐	프랑스	13골(6경기)
5위	리오넬 메시	아르헨티나	13골(26경기)

단일토너먼트 최다골

쥐스트 퐁텐 13골 1958 프랑스

단일 경기 최다골

올렉 살렌코 5골, 러시아(vs 카메룬)

결승전 단일 경기 최다골

제프 허스트 3골(잉글랜드, 1966)

킬리안 음바페 3골(프랑스, 2022)

결승전 최다 득점자

1위 킬리안 음바페 4골(2018, 2022)

최다 연속 득점

쥐스트 퐁텐 프랑스 6경기 1958

자이르지뉴 브라질 6경기 1970

한 작가's
월드컵 역사상 베스트 11

포메이션: 4-1-2-3

선정 기준

1. 월드컵 우승 경험

2. 글쓴이 주관

GK: 카시야스

DF: 카푸, 베켄바워, 칸나바로, 산토스

MF: 마테우스, 지단, 마라도나

FW: 메시, 호나우두, 펠레

카시야스 (GK)

가장 고르기 힘든 포지션이었다. 2006 부폰, 1982 디노 조프, 1966 고든 뱅크스, 2002 올리버 칸, 2014 노이어 등 훌륭한 골키퍼가 너무 많다. 나의 기준은 최소 실점과 기여도. 카시야스와 부폰이 각축을 벌였다. 2010년과 2006년 대회에서 둘 다 7경기 2실점. 다만, 카시야스는 결승전에서 단 한 골도 내주지 않았다. 특히, 로번과의 일대일 상황을 두 차례 모두 선방하며 팀을 구했다. 만약 실점했다면 스페인의 우승은 없었다. 부폰과 달리 카시야스는 주장 완장을 차고 월드컵 트로피를 들어 올렸으므로 월드컵에서 근소 우위 평가를 할 수밖에 없다.

카푸 (RB)

역사상 유일하게 세 번 연속 월드컵 결승전에 출전한 최고의 우측 수비수다. 1994 미국 월드컵 당시 후보에서 부상한 조르지뉴 대신 출전한다. 브라질은 승부차기 끝에 승리하면서 카푸는 첫 번째 우승을 맛본다. 1998 프랑스 월드컵에서는 당당히 주전으로 활약. 프랑스에 0대 3 대패. 2002년 카푸는 주장 자격으로 다시 한번 결승전에서 선발 출전하여 독일에 2대 0 승리. 월드컵 2회 우승과 동시에 월드컵 결승전 3연속 출전이라는 대기록을 달성한다.

프란츠 베켄바워 (CB)

역대 최고의 수비수인 그가 출전한 월드컵에서 서독은 우승 1회, 준우승 1회, 4강 1회를 기록했다. 특히, 1974 서독 월드컵 당시 요한 크루이프와의 라이벌리 끝에 우승을 차지한 당시 주장으로 활약하며, 단순히 수비만 잘할 뿐만 아니라 경기의 전체적 조율을 책임지는 등 팀 우승의 핵심적인 역할을 했다.

파비오 칸나바로 (CB)

칸나바로는 축구에서 신의 경지에 이른 깔끔한 수비 능력이 얼마나 아름다운지 증명한 선수이다. 칸나바로는 2006 독일 월드컵에서 7경기 전 경기 풀타임(690분)을 소화하며 단 2실점만 허용했다. 그가 정말 뛰어난 점은 그 2실점이 페널티킥과 동료의 자책골이었다는 점이다. 필드골을 단 한 점도 내주지 않고 우승을 차지한 팀은 이탈리아가 유일하며, 그 중심에는 아주리군단의 주장 칸나바로가 있었다.

니우통 산토스 (LB)

1958 스웨덴 월드컵, 1962 칠레 월드컵을 연달아 제패한 브라질의 주전 왼쪽 풀백이다. 클래식 선수인 만큼 자료가 많지는 않으나 니우통 산토스 이외에 주전 좌측 수비수로 월드컵 우승을 두 번 차지한 선수가 없다. 또한, 그는 측면 수비수가 공격에 가담하는 개념의 선구자로 알려져 있으며, 별명이 '백과사전'일 정도로 축구 지능이 뛰어난 선수였다. 경쟁자 중 2회 이상 월드컵 트로피를 차지한 선수가 없다는 점을 감안할 때 니우통 산토스가 월드컵 역사에서 만큼은 역대 최고의 좌풀백이라 해도 과언이 아닐 것이다.

로타어 마테우스 (CDM)

리오넬 메시 이전 월드컵 역사상 가장 많은 출전을 기록한 선수(25경기)였다. 1982 스페인 월드컵에서 준우승을 차지했으나 나이가 어려 후보에 머물렀다. 하지만 1986 멕시코 월드컵에서는 팀의 핵심 미드필더로 활약. 마라도나의 아르헨티나에 3대 2로 패해 또다시 준우승에 머문다. 1990 이탈리아 월드컵에서 다시 맞붙은 아르헨티나를 상대로 1대 0 승리함에 따라 월드컵 우승 트로피를 차지한다. 팀의 주장인 마테우스는 미드필더임에도 4골을 터뜨렸고, 그해 발롱도르까지 차지하며 축구 역사에 이름을 남긴다.

지네딘 지단 (CAM)

1998 프랑스 월드컵 우승과 2006 독일 월드컵 준우승의 주역이다. 지단은 축구 선수로서 보여줄 수 있는 우아한 볼 컨트롤과 탈압박 능력을 월드컵에서 유감없이 발휘하며 전 세계 축구 팬의 마음을 사로잡았다. 특히 월드컵 결승전에서 2경기 3골을 넣을 정도로 클러치 능력이 뛰어난 영웅이었다. 지단을 상징하는 경기는 2006 독일 월드컵 8강 브라질 전이다. 호나우두, 호나우지뉴, 카카, 주닝요, 아드리아누 등을 앞세운 브라질이었지만, 이날 지단의 마법은 그들을 모두 들러리로 만들 뿐이었다.

디에고 마라도나 (CAM)

1982 스페인 월드컵 당시부터 초신성이란 명성에 걸맞은 돋보이는 활약을 보여줬으나 퇴장을 당하며, 쓸쓸하게 데뷔 무대를 떠난다. 하지만 1986 멕시코 월드컵에서 마라도나는 단일 대회 역사상 최고의 퍼포먼스를 선보이며 팀을 우승으로 이끈다. 당시 얻게 된 칭호가 '축구의 신'이다. 1990 이탈리아 월드컵에서도 좋은 활약을 보여주었으나 아쉽게 준우승을 차지했다. 마라도나가 1986 멕시코 월드컵에서 보여준 활약은 나머지 대회에서 단 한 골도 넣지 못했을지라도 이 베스트11 한 자리를 차지하는 데 반론을 제기할 사람은 없을 것이다.

리오넬 메시 (RW)

펠레와 마라도나의 뒤를 잇는 축구 황제 계보에서 유일하게 월드컵 트로피가 없던 메시였지만, 2022 카타르 월드컵에서 토너먼트 전 경기 최우수 선수를 기록하며, 마침내 우승 트로피를 차지하며 축구 역사를 새로 쓰는 데 성공했다. 이외에도 최다 출전, 최다 공격 포인트 기록을 보유하고 있으며 2014 브라질 월드컵 준우승 당시 카타르 월드컵에서 거머쥔 MVP 트로피까지 포함해 월드컵 역사상 골든볼 2회를 차지한 유일한 선수로 남아 있다.

호나우두(ST)

월드컵 무대에서 15골을 넣고 월드컵 우승 2회, 준우승 1회라는 업적을 남겼다. 물론 첫 번째 우승(1994) 당시에는 단 한 경기도 출전하지 못했지만, 1998년(준우승)과 2002년(우승)에 보여준 퍼포먼스는 그야말로 월드컵 역사상 가장 뛰어난 스트라이커라고 봐도 무방하다. 특히 1998 프랑스 월드컵 당시 야생마 같은 질주와 드리블, 그리고 골 결정력은 여전히 축구 팬들의 가슴에 불을 질렀다는 평가를 받고 있다. 호나우두는 2002 한일 월드컵에서 8골을 넣고 조국의 다섯 번째 우승을 이끌었다. 기록적으로는 클로제(16골)가 앞서지만, 월드컵 역사에 더 많은 임팩트를 남긴 것은 단연 호나우두다.

펠레(LW)

유일한 월드컵 3회 우승자다. 다른 선수는 선정 근거가 필요했지만, 펠레는 부연 설명이 필요 없는 월드컵의 상징이다.

축구를 왜 전쟁이라 부르는가

 사람들은 종종 스포츠를 두고 전쟁이라 부르기도 한다. 그중 축구만큼 전쟁이라는 표현이 잘 어울리는 스포츠도 없다. 나라를 대표해 출전하는 월드컵 경기의 모습은 마치 국가 간 전쟁과 같다. 그런데 축구가 전쟁과 같은 이유가 하나 더 있다. 바로 축구로 인해 실제로 전쟁이 발발했기 때문이다. 약 50년 전, 중남미에서 있던 일이다.

 사실, 오로지 축구 때문에 전쟁이 일어났다고 보긴 어렵다. 그러나 기폭제였던 것은 분명하다. 1970 멕시코 월드컵 북중미 지역 예선을 벌인 온두라스와 엘살바도르, 두 국가가 오늘 이야기의 주인공이다.

1969년, 월드컵을 1년 앞둔 양 국가는 북중미 지역의 월드컵 예선에서 준플레이오프(이 경기에서 이긴 팀이 아이티를 상대로 단두대 매치를 펼쳐야 했다)를 벌인다. 국경을 맞닿은 인접 국가인 만큼 라이벌 의식은 강했고 양국의 정치적 갈등은 분위기를 고조시키기에 충분했다.

　당시 두 나라는 농업을 주요 산업으로 삼는 국가였다. 농사를 지으려면 토지가 필요하다. 엘살바도르의 면적은 전라도보다 조금 큰 수준이었다. 온두라스는 엘살바도르보다 5배나 컸다. 그런데 면적이 더 작은 엘살바도르의 인구는 300만이었고 면적이 더 넓었던 온두라스는 230만 명에 불과했다.

　당시 엘살바도르는 소수의 고위층이 경작할 땅을 독점해 농민들은 어려운 삶을 살아야 했다. 결국 엘살바도르 농민들은 넓은 땅을 가진 온두라스로 터전을 옮겼다. 19세기부터 이주 행렬이 시작되었고 그 수는 무려 30만에 이르렀다. 그러자 온두라스 농민들이 불만을 제기했다. 이주민들의 유입으로 토지 경쟁이 격화됐기 때문이다. 심지어 남의 나라로 건너온 이주민들의 태도도 불손했다. 문화에 동화되지 않는 것도 모자라 배타적인 태도를 보였다. 결국 1962년 온두라스는 농지개혁법을 통과시킴과 동시에 엘살바도르 이주민들을 추방했다. 경제적 고난을 겪던 엘살바도르는 추방된 농민들까지 돌아오자 나라 사정이 더욱 어려워지기 시작했다. 이 문제뿐만 아니라 두 국가는 정치, 문화적 차이로 다투고 있었고 시간이 갈수록 갈등의 골은 점점 깊어져 갔다.

이러한 분쟁 속 1969년 6월, 양 국가는 국가 간 갈등이 최고조인 상황에서 월드컵 본선 티켓을 걸고 맞붙는다. 온두라스 홈에서 열린 1차전 경기는 1대 0으로 온두라스가 승리를 차지한다. 그러나 일주일 뒤 열린 엘살바도르 홈에서 펼쳐진 2차전에서는 3대 0으로 엘살바도르가 완승을 거뒀다. 다만, 당시에는 1, 2차전 점수 합산으로 승자를 정하지 않았기에 승자를 가리기 위해선 3차전이 불가피했다.

경기를 치르는 과정 역시 매끄럽지 못했다. 경기 결과의 낙담한 소녀팬이 자살하는 소동이 있었고 양국의 해설진들은 객관성을 잃고 상대 국가 선수들을 비난하기 바빴다. 심지어 양 팀의 응원단끼리 폭력 사태가 벌어지면서 분위기는 점점 험악해졌다. 특히 엘살바도르에서 열린 2차전은 그야말로 전쟁의 도화선이었다. 두 나라의 응원단끼리 결국 물리적 충돌을 하고야 만 것이다. 수적 열세였던 온두라스 원정 팬들은 두들겨 맞을 수밖에 없었고 국경으로 쫓기듯이 도망치는 수모를 당했다. 이 사실을 알게 된 온두라스 국민은 자신의 국가에 머무르는 엘살바도르 사람들이 보이는 족족 공격을 시작했다.

FIFA는 이러한 상황을 고려해 월드컵 개최지인 멕시코에서 3차전을 주최했고 양 팀의 운명을 건 경기가 멕시코시티 경기장에서 펼쳐졌다. 멕시코 당국 역시 두 국가의 험악한 관계를 알고 있었기에 많은 경찰을 경기장에 투입했다. 덕분에 이전과 같은 난투극은 없었다. 양 팀의 경기는 라이벌전답게 매우 치열했다. 2대 2로 후반 종료까지 승부를 가리지 못했다. 연장전, 엘살바도르의 피포 로드리게즈가 결승골을 넣으며 조국을 승리로 이끌었다. 하지만, 이것은 끝이 아닌 또 다른 시작에 불과했다.

경기가 끝난 후에도 양국의 관계는 회복될 기미가 보이지 않았다. 아니, 오히려 파국으로 치달았다. 3차전 경기가 열리기 직전, 엘살바도르가 온두라스를 상대로 외교 단절한 것을 시작으로 양국은 군사적 긴장감이 맴돌기 시작했다. 온두라스에 있는 엘살바도르 국민들은 무차별 폭행을 당했으며, 국경 주변에서는 양국 공군 간 분쟁이 계속 발생했다. 결국 엘살바도르는 온두라스에 머무르는 자국민을 보호한다는 명분으로 전쟁을 일으켰다. 1969년 7월 14일이었다.

전쟁이 나흘째가 되던 날, 미국의 적극적 개입으로 인해 양국은 휴전 협정을 맺었다. 얼마 후, 엘살바도르의 육군이 온두라스에서 철수함으로써 전쟁은 완전히 끝이 났다. 이 전쟁의 이름은 두 개로 나뉜다. 축구 경기로 촉발되어 '축구 전쟁_{Football War}'이라 부르거나 100시간 동안 펼쳐져 '100시간 전쟁'이라 칭한다.

어떤 전쟁이든 그 결과는 참혹하기 마련이다. 침공당했던 온두라스는 국토 일부가 폐허가 되어 고난을 겪어야 했다. 전쟁의 사상

자 또한 수천 명에 달했고 안타깝게도 그들 대부분은 민간인이었다. 그러나 더 큰 손실을 본 것은 엘살바도르였다. 선제공격을 시도한 탓에 전범국으로 낙인찍히며 국제적 따돌림을 당했다. 주변 국가들과의 무역이 끊겨 경제적으로 큰 어려움을 맞이한 것이다. 경제적 어려움을 해결하지 못한 엘살바도르는 뒷날, 많은 사람이 희생되는 내전을 치르게 된다.

경기 상황은 어땠을까? 놀랍게도 매우 신사적이었다고 전해진다. 플레이오프 3차전에서 결승골을 넣었던 로드리게즈는 "양국 선수들은 적이 아닌 라이벌이었을 뿐이었고 서로 상호 존중의 태도를 보였다"고 말했다. 또한 "국가와 정치인들이 스포츠의 승리를 국가 이미지 향상에 이용했을 뿐"이라 덧붙였다. 이처럼 세계 역사를 들여다보면 축구와 같은 스포츠가 정치적인 수단으로 사용되었던 적은 한두 번이 아니다. 무솔리니의 월드컵과 히틀러의 올림픽, 전두환 전 대통령의 3S 정책 등 스포츠는 늘 정치와 떼려야 뗄 수 없는 사이였다. 하지만, 이제는 스포츠가 정치에 악용되는 일은 없었으면 좋겠다. 스포츠의 힘은 정말 강하다. 승리를 위해 최선을 다하고 결과에 승복하는 스포츠맨십, 상대방을 존중하는 태도가 사람들의 화합에 큰 영향을 끼치기 때문이다. 월드컵의 창립자 쥘 리메가 원했던 것 역시 축구를 통한 전 인류의 화합이었다. 스포츠가 가진 힘, 이를 선하게 활용한다면 세상은 더 아름답게 변하지 않을까?

에스코바르 총격 사건

축구의 인기는 두말하면 입 아프다. 그러나 그만큼 축구에 미친 극성팬들도 적지 않다. 1950 브라질 월드컵, 마라카낭의 비극 당시 패배의 충격과 슬픔을 이기지 못한 브라질 축구 팬들 다수가 자살을 시도했다. 1989년 발생한 '힐스버러 참사' 때는 축구 경기 도중 팬들끼리 충돌해 수십여 명이 사망하기도 했다. 이런 비극적인 일이 1994 미국 월드컵에서도 발생했다. 심지어 이번 비극은 자살도, 폭력사태로 인한 사고도 아닌 의도성을 지닌 살인 사건이었다. 과연 무슨 일 때문에 이런 참사가 일어난 걸까? 이번에는 축구와 월드컵 역사 중 최악의 흑역사, 에스코바르 총격 사건에 대해 알아보자.

콜롬비아는 남미 예선에서 단 2실점만을 허용하고 단 한 경기도 패하지 않으며 조 1위로 월드컵에 진출했다. 심지어 콜롬비아는 마라도나가 건재했던 아르헨티나를 5대 0으로 꺾으며 축구계에 지각변동을 예고했다.

실제로 콜롬비아 대표팀은 황금세대임이 분명했다. 레게머리로 유명한 카를로스 발베르데를 중심으로 탄탄한 전력을 구축하고 있었기 때문이다. 안드레스 에스코바르 역시 이들의 핵심 멤버로 간주 받았다. 비록 남미 예선에서는 단 한 경기도 출전하지 않았지만, 월드컵 종료 후 유럽 최고 명문 AC 밀란 이적 합의가 완료되었을 정도로 실력이 출중했기 때문이다.

콜롬비아는 루마니아, 스위스, 개최국 미국과 함께 A조에 속했다. 예선에서 강력한 모습을 보여주었기에 당연히 조별리그 1위로 통과할 것이라 예상하는 사람이 대다수였다. 심지어 펠레는 콜롬비아가 1994 미국 월드컵의 강력한 우승후보라며 극찬을 아끼지 않았다.

하지만, 그 유명한 '펠레의 저주'(펠레의 예측이 빈번하게 틀리자 사람들은 펠레의 선택을 받으면 결과가 좋지 못하다는 이유로 '펠레의 저주'라는 밈을 만들었다)가 시작되던 걸까? 콜롬비아 대표팀의 상황은 그리 좋지 못했다. 자국의 기나긴 내부 갈등이 격렬해지며 분위기가 나빠진 것이다. 심지어 콜롬비아 축구 대표팀이 마약 집단의 영향을 받고 있다는 설이 돌기도 했다. 감독과 선수에 대한 살해 협박도 있을 정도였다. 이러한 분위기 속 맞이한 조별리그 1차전, 콜롬비아는 발칸 마라도나라고 불린 게오르게 하지가 이끄는 루마니아에게 3대 1로 완패를 당하고 만다. 아무리 분위기가 안 좋아도 조별리그 통과는 무난하리라 예상했던 팬들이 많았다. 그래서 이 패배는 전 세계 축구 팬들에게 큰 충격이었다.

그렇게 맞이한 조별리그 2차전의 상대는 미국이었다. 콜롬비아 입장에서는 침체된 분위기를 전환시키고 16강 진출을 위해서라면 반드시 이겨야만 했다. 하지만, 콜롬비아는 미국에게도 패하며 자국 팬들을 충격에 휩싸이게 만들었다. 심지어 에스코바르의 자책골로 인한 패배였기에 더욱 충격이었다. 전반 33분 상대의 크로스를 커팅 하려는 찰나 그의 발에 맞은 공이 골문으로 빨려 들어간 것이다. 침투하는 선수에 맞춰 반대편으로 몸을 움직였던 골키퍼는 역동작에 걸려 반응조차 할 수 없었다. 다만, 정황상 에스코바르가 건드리지 않았다면 상대 선수에게 연결되어 실점했을 가능성이 높았다.

그렇다고 변하는 것은 없었다. 자책골은 자책골이었다. 허무하게 선제골을 내준 콜롬비아는 후반 7분 미국에게 추가골을 허용했다. 경기 막판, 만회골을 넣었으나 결과를 바꿀 수는 없었고 결국 2대 1로 패함으로써 16강 진출 실패하게 된다.

16강 진출에 실패한 이후, 에스코바르를 비롯한 콜롬비아 대표팀을 향한 자국민들의 여론은 매우 싸늘했다. 갖은 살해 협박이 실제로 있을 정도였다. 이에 귀국을 늦춰야 한다는 이야기가 있었지만, 에스코바르는 더 나은 축구로 보답하겠다며 비난을 피하지 않고 당당하게 고국으로 돌아갔다.

그는 고향으로 돌아가 가족들과 친구들을 만나 술자리를 즐겼다. 그런데 어느 무리와 충돌하고 만다. 그들이 안드레스 에스코바르에게 16강 진출 실패의 원흉이라며 시비를 건 것이다. 이에 화가 난 에스코바르는 자신의 실수는 정당했다며 따졌다. 하지만, 따짐의 대가는 참혹했다. 그들 중 한 명이 에스코바르에게 6발의 총격을 가하고 만 것이다. 에스코바르는 병원으로 이송됐으나 끝내 과다출혈로 사망하고 만다. 그의 나이는 고작 27살. 유럽 진출을 코앞에 둔 그에게 너무나도 안타까운 죽음이었다. 심지어 그에게는 결혼을 약속한 약혼녀가 있었다고 한다. 여러모로 비극적인 죽음이 아닐 수 없다.

범인은 바로 다음 날, 경찰에 붙잡혔고 자신이 에스코바르를 쏘았다고 자백했다. 에스코바르의 장례식에는 약 12만 명이나 참여하며 그의 죽음을 애도했다.

한편, 에스코바르의 죽음은 한국 언론계에도 영향을 주었다. 기존 한국 스포츠를 다루는 언론에서 종종 '자살골'이란 단어를 사용하곤 했다. 그러나 이 사건을 계기로 '자살골'이라는 용어는 공식적으로 다시는 사용되지 않고 올바른 표기인 '자책골'이란 단어를 썼다고 한다.

한 가지 어이가 없는 것은 에스코바르를 저격한 범인이 고작 10여 년 만에 모범수로 석방되었다는 점이다. 기존 43년 형이 26년으로 감형되었고, 얼마 지나지 않아 모범수로 인정받았다고 한다. 살인을 저지른 죄수가 10년 만에 풀려났다는 것은 납득하기 힘들다.

이처럼 축구는 많은 사람을 열광하게 만드는 스포츠지만 때로는 도가 지나쳐 이런 비극적인 사고를 불러일으키기도 한다. 어떤 일이든 적당히 즐기는 법이 좋은 법이다. 다가오는 2026 북중미 월드컵에서는 축구팬들이 성숙한 의식을 보여주어 아름다운 스포츠 문화가 형성되기를 기대해 본다.

월드컵 최악의 난투극 Top 5

보르도 전투

브라질 1 : 1 체코슬로바키아

재경기) 브라질 2 : 1 체코슬로바키아

1938 프랑스 월드컵 남미 최강 브라질과 1934 이탈리아 월드컵 준우승팀 체코슬로바키아가 8강에서 맞붙었다. 느슨한 심판의 진행이 선수들의 화를 돋우며 경기는 난장판으로 변하고 만다. 부상자가 속출했으며 한 경기에서 3명이 레드카드를 받은 최초의 경기로 기억되고 있다. 경기는 1대 1로 끝이 났으며, 당시 연장전 제도가 없었기 때문에 이틀 후 재경기가 진행됐다. 여기서 브라질이 체

코슬로바키아를 2대 1로 제압하며, 4강에 진출했다.

베른 전투

헝가리 4 : 2 브라질

1954 스위스 월드컵 우승 후보 1순위 헝가리와 남미 축구의 대가 브라질이 8강에서 마주한다. 경기 결과는 4대 2 헝가리의 승리였다. 이 경기는 양팀의 난투극 때문에 더 큰 주목을 받았다. 경기 중후반 헝가리 선수 1명과 브라질 선수 1명이 다툼을 벌인 후 두 선수 모두 레드카드를 받았다. 이후 경기는 엉망진창으로 변했으며, 거센 태클이 난무했다. 경기가 끝나고 나서도 선수들은 라커룸에서 몸싸움을 펼쳤다. 남미 최강자와 유럽 최강자의 맞대결은 결국 경기가 펼쳐진 장소의 이름을 따 '베른의 전투'로 기록하고 있다.

산티아고 전투

칠레 2 : 0 이탈리아

1962 칠레 월드컵을 앞두고 칠레 본토에서 지진이 발생한다. 월드컵 개최가 가능하냐는 이야기 오갔지만, 예정대로 진행됐다. 이때 이탈리아 기자가 칠레 산티아고 지역을 거칠게 비난하며 갈등

이 격화되기 시작했다. 이에 질세라 칠레 언론 역시 이탈리아인들의 과거사까지 들먹이며 반격에 나섰다. 결국 이탈리아 기자들은 칠레를 떠나야 했으며, 산티아고의 한 술집에서 이탈리아인으로 오해받은 아르헨티나 기자가 구타당하는 사건이 발생했다. 이런 분위기 속에서 시작된 경기의 과열은 불 보듯 뻔했다. 8분 만에 이탈리아의 선수가 퇴장당했다. 그런데 이탈리아 선수가 퇴장 명령을 거부해 경찰이 동원됐다. 이후 두 팀은 여러 차례 집단 몸싸움을 벌였으며 경찰이 3차례 나 더 개입하고 나서야 경기가 끝이 났다.

뉘른베르크 전투

포르투갈 1 : 0 네덜란드

옐로카드와 교체제도가 생기면서 난투극은 벌어지지 않는 듯했다. 하지만 2006 독일 월드컵 16강에서 역사에 남을 혈투가 펼쳐졌다. 네덜란드는 2002 한일 월드컵과 유로 2004 결승 진출 모두 포르투갈에 패해 좌절됐다. 그래서 양팀의 경기는 세간의 주목을 받았다. 네덜란드는 이전의 패배를 되갚아 줄 기회였다. 하지만 복수심이 강했던 걸까? 네덜란드는 포르투갈 선수들에게 과격한 파울을 범하며 카드를 적립하기 시작했다. 그러던 중 포르투갈의 신성 크리스티아누 호날두가 네덜란드 선수에게 허벅지를 찍혀 부상한다. 결국 호날두는 눈물을 흘리며 경기장을 떠나야 했다. 그러자 포르투갈 선수들이 흥분해 경기는 더욱 거칠어졌다. 살인 태클이 난무하면서 레드카드 4장, 옐로카드 16장이 나왔다. 당시 옐로카드는 타이기록, 레드카드 신기록을 갈아치웠다.

루사일 전투
네덜란드 2 : 2 아르헨티나

2014 브라질 월드컵 4강전. 네덜란드와 아르헨티나가 마주했다. 메시가 월드컵 트로피를 차지하느냐에 모든 축구팬의 관심이 쏠려 있었다. 이대 네덜란드 반할 감독이 "나는 메시를 막을 방법을 알고 있다"며 도발을 시작했다. 경기 전부터 긴장감이 맴돌기 시작했다.

경기에서 메시가 1골 1도움을 기록하며 2대 0으로 앞서갔다. 메시는 자신을 도발한 반할 감독 면전에 귀에다가 양손을 갖다 내는 세러머니를 펼치며 복수했다. 이후 경기의 분위기는 과격해지기 시작했다. 아르헨티나의 선수가 과격한 파울 이후 공을 네덜란드 벤치로 강하게 차며 양팀의 선수들이 충돌하기도 했다. 그 과정에서 반할은 용병술을 통해 동점을 만들어 경기를 연장까지 끌고 갔다. 경기는 승부차기 끝에 아르헨티나가 승리했다.

이 경기는 뉘른베르크 혈투의 옐로카드 기록인 16장을 뛰어넘으며 한 경기 최다 옐로카드인 18장을 갱신했다. 다만, 경기의 과격함이 뉘른베르크를 넘었다고 보긴 어렵다. 왜냐하면 주심인 라호즈가 카드를 남발했기 때문이다. 메시 역시 "FIFA는 이런 주심을 기용하면 안 된다"며 직격했다.

역대 월드컵
개최지 현황

개최 연도	개최지	참가국 수	우승국	득점왕
1930	우루과이	13	우루과이	기예르모 스타빌레 (아르헨티나)
1934	이탈리아	16	이탈리아	올드르지흐 네예들리 (체코)
1938	프랑스	15	이탈리아	레오니다스 다 실바 (브라질)
1950	브라질	13	우루과이	아데미르 (브라질)
1954	스위스	16	서독	산도르 코츠시스 (헝가리)
1958	스웨덴	16	브라질	쥐스트 퐁텐 (프랑스)
1962	칠레	16	브라질	가린샤, 바바(이하 브라질), 플로리안 알베르트(헝가리), 레오넬 산체스, 발렌틴 이바노프(소련), 드라잔 예르코비치(유고슬라비아)

1966	잉글랜드	16	잉글랜드	에우제비우(포르투갈)
1970	멕시코	16	브라질(3회)	게르트 뮐러(서독)
1974	서독(독일)	16	서독	그제고시 라토(폴란드)
1978	아르헨티나	16	아르헨티나	마리오 캠페스 (아르헨티나)
1982	스페인	24	이탈리아	파올로 로시(이탈리아)
1986	멕시코	24	아르헨티나	개리 리네커 (잉글랜드)
1990	이탈리아	24	서독(3회)	살바토레 스킬라치(이탈리아)
1994	미국	24	브라질(4회)	흐리스토 스토이치코프(불가리아), 올레크 살렌코(러시아)
1998	프랑스	32	프랑스	다보르 슈케르(크로아티아)
2002	대한민국/일본	32	브라질	호나우두(브라질)
2006	독일	32	이탈리아	미로슬라프 클로제(독일)
2010	남아프리카공화국	32	스페인	토마스 뮐러 (독일)
2014	브라질	32	독일	하메스 로드리게스 (콜롬비아)
2018	러시아	32	프랑스	해리 케인 (잉글랜드)
2022	카타르	32	아르헨티나	킬리안 음바페 (프랑스)

| 사진 출처 |

1장

p. 16 쥘리메 초상화 ⓒUnknown author, 위키피디아

p. 18 쥘리메 트로피 ⓒBen Sutherland (photo), 위키피디아

p. 20 쥘 리메 트로피 ⓒBen Sutherland (photo), 위키피디아

p. 24 우루과이 공, 아르헨티나 공 ⓒOldelpaso, 위키피디아

p. 28 무솔리니 ⓒUnknown author, 위키피디아

p. 30 이탈리아 대표팀(1934) ⓒUnknown author, 위키피디아

p. 31 이탈리아 우승(1938) ⓒExcelsior, 위키피디아

p. 37 기지아 역전골 ⓒUnknown author, 위키피디아

p. 43 헬무트 란의 슈팅 ⓒUnknown author, 위키피디아

p. 49 감격하는 펠레 ⓒAftonbladet, 위키피디아

p. 54 가린샤 ⓒEl Gráfico, 위키피디아

p. 60 바비 무어 트로피 ⓒNational Media Museum from UK, 위키피디아

p. 65 축구 황제에 등극한 펠레 ⓒUnknown author, 위키피디아

p. 69 크루이프와 베켄바워 ⓒBert Verhoeff / anefo 위키피디아

p. 77 마리오 캠페스 ⓒUnknown author, 위키피디아

p. 84 파올로 로시 트로피 ⓒSTF / AFP Photo / UPI, 위키피디아

p. 92 마라도나 트로피 ⓒUnknown author, 위키피디아

p. 94 마테우스 ⓒÜbrigens, 위키피디아

p. 101 로베르토 바조 ⓒUnknown author, 위키피디아

p. 112 호나우두 부상 ⓒAlex Carvalho, 위키피디아

p. 116	결승전을 앞둔 호나우두 ⓒMilly barzellai, 위키피디아
p. 126	지단 박치기 동상 ⓒBen Bender, 위키피디아
p. 132	스페인 대표팀 ⓒAnthony Stanley, 위키피디아
p. 140	루이스 수아레스, ⓒAilura, 위키피디아
p. 145	무너진 전차군단 ⓒМинистерство спорта Республики Татарстан, 위키피디아
p. 153	트로피를 거머 쥔 음바페 ⓒАнтон Зайцев, 위키피디아
p. 156	좌절하는 메시 ⓒAgência Brasil, Wikimedia Commons, 위키피디아
p. 167	주먹 불끈 쥐는 메시 ⓒHossein Zohrevand, 위키피디아

2장

p. 174	홍덕영 신분증 ⓒUnknown author, 위키피디아
p. 177	허정무 vs 마라도나 ⓒUnknown author, 위키피디아
p. 180	차범근 ⓒRepublic of Korea, 위키피디아
p. 183	히딩크 ⓒPaul Blank, 위키피디아
p. 189	서울광장을 가득 메운 붉은 악마 ⓒijs, 위키피디아
p. 193	박지성 맨유 ⓒMagnus D, 위키피디아
p. 198	조현우 ⓒМинистерство спорта Республики Татарстан, 위키피디아
p. 203	광화문에 운집한 붉은 악마원 ⓒRepublic of Korea, 위키피디아

※ 일부 사진의 저작원을 확인하지 못하였습니다. 저작권을 확인하면 협의하여 소정의 저작권료를 지불하겠습니다.

알면 더 재밌는 월드컵 역사
36가지 에피소드로 만나는 월드컵의 모든 것

초판 1쇄 발행 2025년 9월 30일

지은이 한지용
총괄진행 김민호 | **편집** 만만필 | **디자인** 이선영
종이 다올페이퍼 | **제작** 명지북프린팅

펴낸곳 초봄책방
출판등록 제2022-000040호
주소 경기도 파주시 가온로 205, 717-703
전화 070-8860-0824 | **팩스** 031-624-8894
이메일 chobombooks@hanmail.net
인스타그램 @paperback_chobom

ⓒ 한지용, 2025
ISBN 979-11-94847-02-1 (03900)

- 이 책의 전부 또는 일부를 이용하려면 반드시 저작권자와 초봄책방의 서면동의를 받아야 합니다.
- 책값은 뒤표지에 있으며, 잘못 만들어진 책은 구입하신 서점에서 바꿔드립니다.